ARCHI ACTUELLE

20 maisons à économie d'énergie

ANNE-ELISABETH BERTUCCI

ARCHI ACTUELLE

20 maisons à économie d'énergie

PHOTOGRAPHIES MICHEL OGIER

Editions OUEST-FRANCE

SOMMAIRE

INTRODUCTION

Maisons passives, lotissements à basse consommation, bâtiments à énergie positive… Comment ignorer aujourd'hui la question de la sobriété énergétique dans le secteur de la construction ? Comme le souligne l'architecte et urbaniste Nicolas Michelin[1], « la frugalité en énergie » est plus que jamais constitutive « d'une architecture innovante ».
La qualité thermique du bâtiment n'est plus seulement l'apanage de nos voisins autrichiens ou allemands. En l'espace de quelques années, la France a fait un grand bond en avant. Sans pour autant pouvoir rattraper le retard qu'elle accuse en matière d'éco-conception.
Face à l'urgence économique et écologique, le secteur du bâtiment s'adapte, et vite… Les architectes collaborent avec des thermiciens et se forment. Les entreprises acquièrent le savoir-faire nécessaire. Quant aux maîtres d'ouvrage, ils intègrent peu à peu à leur projet (et à leur budget) les énergies renouvelables, des systèmes constructifs durables, des démarches d'efficience énergétique. « La mutation énergétique est en marche », se félicite un récent rapport du ministère de l'Ecologie[2]. Ce document analyse les avancées du Plan bâtiment, l'un des axes de travail du Grenelle de l'environnement : « Le secteur devance les objectifs avec 20 000 demandes de certifications BBC-Effinergie en 2009. Soit dix fois plus que prévu ! »
Si l'on se reporte aux objectifs affichés dudit Grenelle, c'est l'ensemble des 300 000 logements neufs construits chaque année qui devront répondre au standard de la basse consommation en 2012.
Pour tous les acteurs du secteur, le défi est en effet de taille.

Architecture de bon sens

Les vingt maisons présentés dans ces pages ont pour dénominateur commun la recherche de cette efficience énergétique et d'une architecture de qualité. Ce qui, sans nul doute, va de pair. Cet ouvrage propose une diversité d'expériences commentées illustrées et éclairées par le point de vue du thermicien Johan Garry. Ce sont des pistes de réflexion pour ceux et celles qui ont un projet de rénovation ou de construction.
Certains projets exigeants poussent la démarche le plus loin possible, ici et maintenant, portés par le désir d'autonomie énergétique des maîtres d'ouvrage. D'autres, plus modestes, portent une attention particulière au mode de chauffage, au système constructif, au choix de matériaux, en vue de réduire au plus juste leur consommation énergétique. Tous adoptent les principes d'une architecture de bon sens, optimisent l'implantation de la construction, recherchent les apports solaires passifs grâce à une exposition bien pensée, renforcent l'isolation, analysent les usages présents et futurs, etc.
Leur pertinence énergétique dépend du degré d'exigence des maîtres d'ouvrage, de la force de proposition des architectes, et parfois de la capacité à renoncer à des choix formels satisfaisants du point de vue esthétique et fonctionnel, mais moins efficaces du point de vue thermique. Le budget, si confortable soit-il dans la plupart des cas, peut s'avérer un facteur limitant.

Quoi qu'il en soit, la « recette », la solution normée, n'existe pas. Même si la loi donne un cadre réglementaire, même si les labels proposent des pistes. Construire « énergétiquement efficace » se révèle aussi subtil que régler la voile d'un bateau.
Maîtres d'ouvrage et architectes proposent donc ici leurs propres solutions, dans un contexte donné et avec une histoire qui leur appartient. Ils touchent ainsi à un vaste et excitant sujet : la forme architecturale nouvelle qui s'invente aujourd'hui.

Le contexte : l'urgence climatique

La sobriété énergétique n'est pas juste un concept à la mode. C'est un impératif qui a guidé les maîtres d'ouvrage et les architectes que nous avons rencontrés. Le secteur du bâtiment est en France le plus gros consommateur d'énergie parmi tous les autres secteurs économiques : 40 % de la demande en énergie finale. Cela représente 25 % des émissions nationales de dioxyde de carbone (CO_2), gaz à effet de serre (GES).
Aujourd'hui, la consommation en énergie de nos résidences principales, pour le chauffage ou l'eau chaude essentiellement, provient encore à 57 % du gaz, du fioul et du charbon. 70 % des dépenses énergétiques générées par le logement sont liées au chauffage.
Le recours aux énergies renouvelables (ER) non émettrices de CO_2 est encouragé. Ainsi, le Grenelle de l'environnement prévoit de porter à 23 % minimum la part des ER dans la consommation d'énergie finale du logement en 2020.
Pourquoi ? D'une part, parce que la consommation des énergies fossiles (pétrole, gaz naturel, charbon) est l'une des principales sources du réchauffement climatique. Leur combustion produit des GES comme le CO_2 ou le méthane. D'autre part, parce que le stock de ces énergies fossiles s'épuise : fin de partie en 2040 pour le pétrole, en 2075 pour le gaz naturel et l'uranium. Quant à la production d'électricité nucléaire, elle pose la question cruciale des déchets, légués aux générations futures pour des milliers d'années.
La France a ratifié en 1997 le Protocole de Kyoto, qui impose de réduire les émissions de CO_2. Cet engagement a été confirmé par le Plan climat en 2004, par le Grenelle de l'environnement en 2007.
Le secteur du bâtiment, gourmand en énergie fossile et émetteur de gaz à effet de serre, est en première ligne. C'est pourquoi il est urgent d'optimiser les performances énergétiques des bâtiments neufs (300 000 logements et 14 millions de m^2 de bâtiments tertiaires chaque année). En effet, il sera plus difficile d'améliorer celles de l'ancien : le stock existant représente près de 30 millions de logements et plus de 814 millions de m^2 de bâtiments tertiaires à rénover !
Actuellement, la consommation moyenne annuelle est d'environ 260 kWh/m^2/an d'énergie primaire (environ 330 kWh pour le résidentiel et 550 pour le tertiaire). Le Grenelle prévoit de ramener ce chiffre à 50 kWh/m^2/an pour toutes les constructions neuves en 2012 et à 80 kWh/m^2/an pour l'ancien.

Construire avec la nature. Gîtes ruraux à Jupilles. Une réalisation des architectes Edouard François et Duncan Lewis.

1. *Manuel d'architecture énergétiquement efficace*, CAUE des Bouches-du-Rhône.
2. Ministère de l'Ecologie, de l'Energie, du Développement durable et de la Mer. www.developpement-durable.gouv.fr

Le bâtiment et la maîtrise de l'énergie

Afin d'atteindre les objectifs de réduction des gaz à effet de serre dans le secteur du bâtiment, la politique nationale de maîtrise de l'énergie a défini trois axes majeurs : la sensibilisation, l'incitation et la réglementation.

La sensibilisation se fait par une information auprès du public encouragé dans ses pratiques éco-citoyennes. La mise en place du diagnostic de performance énergétique (DPE) permet ainsi aux ménages de mesurer la consommation énergétique de leur habitat et la quantité de GES émis.

Les incitations financières comme le prêt à taux zéro ou le crédit d'impôt peuvent bénéficier aux propriétaires et aux locataires qui veulent améliorer les qualités thermiques de leur habitation et/ou investissent dans les énergies renouvelables.

Depuis 2000, la réglementation thermique apporte un cadre législatif à la recherche de la performance énergétique dans la construction.

Elle définit des principes qui incitent le maître d'ouvrage et le concepteur à choisir la solution la plus économique pour atteindre la performance exigée. Elle est appelée à être renforcée tous les cinq ans. Appliquée actuellement à tous les bâtiments neufs, tertiaires ou résidentiels, la réglementation thermique 2005 (RT 2005) ne sera revue qu'en 2012. En effet, afin de pouvoir répondre aux exigences du Grenelle de l'environnement, la réglementation RT 2010 va être reportée à 2012.

Cette nouvelle réglementation thermique renforce la prise en compte des énergies renouvelables et des équipements à haute performance énergétique en prenant comme référence le Bâtiment basse consommation (BBC), c'est-à-dire avec un niveau de consommation inférieur à 50 kWh/m^2/an en énergie primaire pour le chauffage, la climatisation éventuelle, la ventilation, l'eau chaude sanitaire, l'éclairage et les aérations !

Le réchauffement climatique en France[4]

Un dernier rapport rendu par le Groupe intergouvernemental d'experts pour l'étude du climat (GIEC) a confirmé le relèvement de la température moyenne de l'atmosphère terrestre de 1,5 à 6 °C d'ici à la fin du siècle. La valeur réelle dépendra essentiellement de l'importance et de la date d'application des politiques publiques mises en œuvre par les pays les plus consommateurs d'énergie. Le réchauffement a déjà provoqué des perturbations climatiques ayant des répercussions humaines graves : multiplication des phénomènes météorologiques extrêmes (canicules, feux de forêts à répétition, tempêtes très violentes…), fonte de la banquise, disparition de certaines espèces animales… Celles-ci seront de plus en plus importantes dans l'avenir.

Les études rapportent que le réchauffement climatique en France métropolitaine au cours du xxe siècle a été pour 50 % plus important que le réchauffement moyen sur le globe : la température moyenne annuelle a augmenté en France de 0,9 °C, contre 0,6 °C sur le globe.

4. Mission interministérielle de l'effet de serre.

« La maison de l'avenir est à énergie positive. la maison passive est une étape. »

ENTRETIEN

avec Philippe Madec, architecte et urbaniste

Aujourd'hui, tout le monde affirme construire écologique et durable.

Oui, depuis longtemps, voire depuis toujours ! Si c'était vrai, on l'aurait su et nous n'en serions pas là. Voilà davantage d'opportunisme que de vérité, ce qui rend possible une désillusion quant aux résultats de leurs réalisations.

Le Grenelle de l'environnement a fixé des objectifs exigeants : 2012 = 50 kWh/m^2.

Les objectifs du Grenelle sont exigeants et absolument indispensables pour nous faire avancer tous ensemble vers l'objectif idéal : le bâtiment passif, puis « zéro énergie », et enfin « à énergie positive ».

Que vous inspire cette vague verte dans le bâtiment ?

D'abord, une vraie joie. Enfin, ce discours pénible quant à notre responsabilité sur l'état de la planète est entendu et produit des effets dans la vie quotidienne ! Ensuite, une déception, car cette vague verte est souvent une sorte de *greenwashing* (« blanchiment écologique ») sur des pratiques anciennes à peine révisées : un peu de bois par-ci, des panneaux solaires par-là, le tout appuyé sur un calcul réglementaire qui est faux en France et fait la part belle à des techniques anciennes survalorisées.

Le phénomène de mode ne risque-t-il pas d'occulter la nécessité d'une vraie réflexion sur les choix techniques ?

Le développement durable n'est pas une mode, mais engage un mode de vie qui porte une dimension révolutionnaire. « Nous commençons peu à peu à comprendre, a écrit le philosophe allemand Peter Sloterdijk en 1993, que l'actuel *way of life* et le long terme sont deux choses qui s'excluent totalement l'une l'autre. »

La banalisation actuelle cache la nécessité de rupture et d'innovation. L'actuelle hégémonie des réponses techniques à la crise environnementale fait la part belle aux solutions technologiques et en masque les aspects sociaux et culturels. La performance énergétique est accessible à ceux qui peuvent se l'offrir ; les aides fiscales ne concernent que les propriétaires d'une part, et qui paient des impôts d'autre part.

Les architectes qui sont allés voir où en sont des pays comme l'Autriche ou l'Allemagne s'affolent du retard pris par la profession en France.

La France est en retard, c'est la lanterne rouge de l'Europe en environnement. Les architectes ne sont pas seuls : évoquons la difficulté de dépasser les règlements inadaptés, de motiver les maîtres d'ouvrage

(photo Atelier Philippe Madec)

L'Atelier Philippe Madec conçoit et réalise quarante-huit maisons passives à Bourges pour la Foncière de logement et le groupe Brémond. Le projet est réparti sur deux quartiers : l'îlot Merlattes et la Zac Maréchal-Juin.

(photo Atelier Philippe Madec)

A Bourges, l'îlot Merlattes. Une proposition très urbaine de seize maisons passives avec ses clôtures en bois et son jardin intérieur accessible à tous.

à faire évoluer leurs critères, de changer les manières des bureaux d'études forts de certitudes éprouvées, de convaincre les assurances et les bureaux de contrôle de la nécessité d'innover, d'ouvrir les entreprises aux nouveaux savoir-faire, d'accompagner l'usager vers des actes plus vertueux.

Néanmoins, la situation change, surtout en urbanisme. La consultation « éco-quartier » et « éco-cité » du ministère de l'Ecologie a permis un bilan des initiatives, les unes déjà bien engagées (Nantes/Saint-Nazaire, Rennes, Bordeaux, Angers, etc.), les autres naissantes. Un développement durable à la française perce, la dimension sociale s'y affirme plus présente, grâce au Plan local de l'habitat et au pourcentage de 20 à 25 %, si ce n'est davantage, de logements sociaux dans les projets urbains éco-responsables français.

Maîtres d'ouvrage et architectes déplorent souvent les contraintes réglementaires, comme frein à leur projet environnemental. Qu'en dites-vous ?

La réglementation évolue moins vite que l'envie environnementale. La ventilation naturelle est mal prise en compte dans le calcul réglementaire et la sécurité incendie la contredit. Le calcul réglementaire de la surface dite « hors œuvre nette » freine la mise en place de dispositifs éco-responsables comme les murs épais, les doubles parois, les loggias, etc.

Le nombre de places de stationnement demandé dans les PLU (Plan local d'urbanisme) ignore souvent les pratiques vertueuses des piétons et cyclistes. Les règles d'esthétique s'opposent à la mise en œuvre de techniques environnementales (panneaux solaires ou photovoltaïques, micro-éolienne, etc.). Les standards de confort datent des périodes d'abondance, en chauffage, éclairage, renouvellement d'air, etc.

Pour vous, à quoi doit ressembler aujourd'hui la maison durable, performante et économe en énergie ? Quelles sont ses qualités ?

Il n'y a pas de modèle. Surtout pas dans une France riche de climats différents. Même en Autriche, au climat plus homogène, les gens du Vorarlberg parlent des spécificités locales de leur habitat passif. L'approche française permet une meilleure relation dedans/dehors que celle de la maison « thermos ». Amenés à vivre davantage au dehors, nous pensons les pièces extérieures avec le même soin que celles qui sont à l'intérieur.

La maison éco-responsable n'est pas un objet en soi ; elle est partie d'un territoire qu'elle préserve : sa parcelle est petite et proche de transports en commun. Elle est bioclimatique, établit une relation

sereine avec son contexte : climat, soleil, vent, pluie, topographie, végétation, sol, voisinage. Elle est écologique, ses matériaux sont sains.
Elle procure à ses habitants un confort de vie, toute l'année, avec le moins d'énergie possible. Le confort d'hiver est simple : une bonne isolation des murs, des façades, de bonnes menuiseries, une excellente étanchéité des baies, un juste équilibre entre les parties pleines et les parties vitrées des façades, une disposition pertinente entre les faces nord, sud, est et ouest, et le tour est joué, le besoin d'énergie pour le chauffage est réduit à la portion congrue.
Le confort d'été reste à découvrir, même au sud de la France que la climatisation a coupé de ses traditions d'ombre bienfaisante : un arbre au sud protège la façade, des protections solaires des baies par l'extérieur laissent passer assez d'air pour obtenir le rafraîchissement nocturne, les murs possèdent assez d'inertie pour emmagasiner la fraîcheur et la restituer le jour, et l'autre tour est joué, sans aucun besoin d'énergie pour le frais. La maison est habitée par des gens éco-responsables qui la vivent avec de nombreux gestes verts, qui économisent l'eau au-dedans et au-dehors.

Et, à l'avenir, quel sera pour vous le futur de la maison économe, accessible au plus grand nombre ? La maison passive ?
La maison de l'avenir est à « zéro énergie » ; elle produit autant d'énergie qu'elle en consomme. La maison passive est une étape, encore trop chère. L'industrialisation résout l'équation de la maîtrise des coûts de construction. D'autres voies permettent de réduire le coût du logement, dont le recours aux coopératives d'habitants promoteurs, d'autoconstructeurs, etc.

Ces questions de performances énergétiques sont-elles susceptibles d'influencer la forme architecturale ?
Oui, fortement. L'isolation par l'extérieur demande une continuité des surfaces qui simplifie les formes. L'enjeu n'est plus la façade mais la coupe, c'est-à-dire la manière dont une architecture établit une relation entre dedans et dehors. La qualité écologique des matériaux en réduit le nombre. La recherche des filières locales augmente la variété spécifique des architectures, etc.

(photo Atelier Philippe Madec)

(photo Atelier Philippe Madec)

Cinquante-trois maisons passives implantées sur trois sites au Havre (livraison prochaine). Le programme a été confié à l'Atelier Philippe Madec par la Foncière de logement et le Groupe Brémond. Il vise à accroître la mixité sociale en rendant attractif la location ou l'achat de logements de qualité dans des secteurs de renouvellement urbain.

« La technologie ne doit pas venir au secours d'un projet mal pensé. »

ENTRETIEN

avec Johan Garry, ingénieur thermicien

A quoi sert l'étude thermique ?

Elle est obligatoire pour toutes les constructions neuves depuis juillet 2001 ! Depuis, on est tenu de vérifier que les moyens techniques mis en œuvre pour les besoins de chauffage et d'isolation sont conformes à la réglementation thermique (RT) en vigueur, en l'occurrence, la RT 2005. Par ailleurs, le diagnostic de performance énergétique doit être fourni à la réception d'un bâtiment neuf depuis juillet 2007. C'est une obligation. Son étiquette, très visuelle, note le bâtiment de A à E en fonction de sa consommation en énergie primaire et de la quantité de gaz à effet de serre émis. En 2012, le législateur devrait mettre en place un contrôle qui certifie que le DPE a été délivré avec pertinence.

Que prescrit la RT 2005 ?

La RT 2005 fait suite à la RT 2000. Elle définit des valeurs limites que l'on considère comme des garde-fous en dessous desquels on ne peut aller : un coefficient d'efficacité des vitrages, d'isolation des murs, de la toiture, du plancher, la quantité de ponts thermiques acceptables, les coefficients de performance des pompes à chaleur, le rendement des auxiliaires de chauffage, la part des énergies renouvelables…

La RT utilise également trois indicateurs plus globaux :

– le Cep évalue la consommation en énergie primaire du bâti en tenant compte de six postes de dépenses énergétiques : chauffage, eau chaude, éclairage, ventilation, climatisation, aération. Sa valeur doit être comprise entre 80 et 250 kWhep/m2/an selon le mode de chauffage utilisé et la zone géographique ;

– le Ubât note la pertinence des techniques architecturales mises en œuvre au regard de la performance énergétique ;

– la Tic (température intérieure conventionnelle) note le confort d'été.

Où en est-on avec son application réelle ?

On constate aujourd'hui un grand mouvement pour son application. Les architectes, les bailleurs sociaux, les constructeurs se donnent les moyens de l'appliquer. Mais nous sommes encore dans une phase d'apprentissage. On ne va pas intégrer en trois ans tout ce que nos voisins européens en Allemagne ou au Danemark ont mis vingt-cinq ans à expérimenter.

Certains estiment que la RT 2005 n'est pas assez ambitieuse.

Je dirais que la RT n'est pas un logiciel de conception mais un outil de mesures. Pour aider à faire des choix thermiques pertinents, il existe d'autres logiciels comme celui de simulation dynamique baptisé « Pléiade ». Cet outil permet de modéliser le bâtiment et d'étudier son comportement en fonction de différents scénarii climatiques. La RT définit un niveau réglementaire ; après, rien n'empêche d'adopter une démarche volontariste pour aller au-delà.

Que va-t-il se passer en 2012 ? Le BBC (Bâtiment basse consommation) pour toutes les constructions neuves, est-ce réellement envisageable ?

Le décalage de deux ans de la nouvelle RT doit donner au secteur du bâtiment le temps de s'adapter aux exigences issues des réflexions du Grenelle de l'environnement. Je pense que l'on va vers un renforcement de l'application de la RT, notamment avec la possibilité de refuser un permis de construire si l'étude thermique n'a pas été réalisée en bonne et due forme. Ensuite, on s'oriente vraisemblablement vers un renforcement des contrôles entre le prévisionnel déclaré dans le permis de construire et le réalisé. Les méthodes de calcul de la RT devraient être remises à plat. Une consommation de 50 kWhep/m2/an de demain sera les 80 kWhep/m2/an d'aujourd'hui.

Pour construire thermiquement efficace, que conseilleriez-vous ?

Il y a des fondamentaux à respecter : les orientations, les apports solaires passifs à privilégier, une bonne isolation, le recours aux énergies renouvelables, l'inertie du bâti, sa compacité… Mais il faut aussi adapter les solutions aux valeurs du maître d'ouvrage : on sait qu'un « antinucléaire » va aller plus volontiers vers le photovoltaïque ou l'éolien qu'un autre. On ne va pas imposer du chauffage au bois à une personne qui ne veut pas de manutention. Il faut regarder le projet dans sa globalité, en fonction aussi d'un budget. Je dis souvent qu'un investissement c'est X années de « privation de liberté ». Il faut donc veiller à éviter le suréquipement. La technologie ne doit pas venir au secours d'un projet mal pensé au départ. Dans un bon projet de construction, il n'y a pas de recette, mais trois ou quatre solutions. Les exemples abordés dans ce livre le montrent : ils proposent une solution à un moment donné, avec une technologie et des savoir-faire pour un budget confortable. Je pense que ces expériences-là font évoluer le « standard ». Tout comme celles des autoconstructeurs qui sont des défricheurs…

Au-delà de la réglementation

Si la RT 2005 est un minimum à respecter, il est aussi possible d'aller plus loin dans la recherche de l'efficience énergétique. C'est la démarche entreprise par les maîtres d'ouvrage et les architectes qui racontent leurs expériences dans ces pages. Renforcer plus encore l'étanchéité à l'air du bâti, recourir aux énergies renouvelables pour l'eau chaude et le chauffage, optimiser la conception architecturale pour plus de compacité, adopter un système constructif qui favorise l'inertie, etc. Certains maîtres d'ouvrage ont souhaité suivre les prescriptions du standard des labels BBC (Bâtiment basse consommation) ou Passivhaus (Maison passive). Ces labels ou référentiels proposent de respecter tout au long de l'élaboration du projet de construction des valeurs garde-fous (étanchéité à l'air, efficacité des vitrages, mode de chauffage, Ubât, etc.) afin d'atteindre une consommation énergétique très réduite. Le français BBC-Effinergie ou l'européen Passivhaus-Maison passive guident le concepteur et le maître d'ouvrage tout au long du projet. La certification, qui intervient lorsque la construction est achevée, permet de vérifier que le référentiel a été bien suivi et que l'objectif de consommation prévu est atteint. Cette certification a un coût (1 500 € pour le Passivhaus, 400 € pour le BBC-Effinergie). Certains de ces labels autorisent en contrepartie un dépassement du COS (coefficient d'occupation des sols), donc un gain de surface constructible.

Construction : labels et référentiels existants

kWh / (m².a)	Labels / référentiels	objectifs de consommation	certification / promotion critères pris en compte	équipements concernés
80 à 250	**RT 2005** (arrêtés : mai 2006 pour le neuf, mai 2007 pour l'ancien)	80 à 250 kWh / (m2.a) selon les zones climatiques	Isolation thermique, introduction de la bioclimatique et des EnR.	• système chauffage / refroidissement • production d'ECS • + aux. et éclairage pour Effinergie Exprimé en énergie primaire.
72 à 225	**HPE / HPE EnR** (arrêté : mai 2007)	RT 2005 - 10% Pour le THPE EnR, au moins 50 % de l'énergie de chauffage doit provenir de la biomasse ou d'un réseau de chaleur utilisant plus de 60 % d'énergies renouvelables	Qualitel - Cerqual	
56 à 200	**THPE / THPE EnR** (arrêté : mai 2007)	RT 2005 - 20 % (-30 % pour le THPE EnR)		
40 à 125	**BBC** (arrêté : mai 2007)	Dans les logements, la consommation énergétique varie de 40 à 70 kWh/ (m².a), selon l'altitude et la zone climatique. Pour le tertiaire, la consommation énergétique globale = RT 2005 - 50 %.	Certivéa - Cerqual - Céquami - Promotélec. Référentiel mis en place par Effinergie®. Critères : isolation thermique, EnR, bioclimatique, étanchéité à l'air, ventilation.	
40 à 80	**Minergie®** (Suisse 1996)	Énergie primaire pour les habitations : Neuf : entre 40 et 45 kWh / (m2.a) Rénovation : 80 kWh / (m².a)	Prioriterre (Haute-Savoie) Critères : étanchéité à l'air (sauf Minergie®), aération douce, EnR, limitation des ponts thermiques. + équipements et éclairage économes pour Minergie P*. M. Eco* : lumière du jour, protection anti bruit, qualité de l'air, de construction / dé-	• système chauffage / refroidissement • production d'ECS • ventilation le calcul inclut la production d'électricité photovoltaique
30	**Minergie P® (plus)** (2003)	Énergie primaire : neuf : 30 kWh / (m².a)		
30	**Minergie Eco®** (2006)	À destination des bâtiments administratifs et locatifs, des écoles. Reprend Minergy® et Minergie P® avec des matériaux sains et écologiques		
15	**Passsivhaus®** (Allemagne 1990) **Maison Passive** (France 2007)	Besoin brut en chauffage : maximum de 15kWh / (m².a), quelles que soient l'altitude et la zone climatique Énergie **primaire** totale, équipements inclus : maximum de 120 kWh / (m².a). (2)	La Maison Passive France (LaMP®) Critères : étanchéité à l'air, isolation, suppression des ponts thermiques, orientation par rapport au soleil, ventilation, électroménager performant.	• système chauffage / refroidissement • ventilation • (2) + production d'ECS • tous les équipements de la maison.

Energie primaire : énergie contenue dans les combustibles avant leur transformation (énergie primaire = énergie finale + pertes + consommation utilisée pour produire et transformer l'énergie). **Energie secondaire** : obtenue par la transformation d'une énergie primaire au moyen d'un système de conversion ; par exemple, une centrale thermique produit de l'électricité (énergie secondaire) à partir de charbon (énergie primaire). Une énergie secondaire peut aussi résulter de la transformation d'une autre énergie secondaire ; c'est le cas d'une centrale thermique alimentée en gaz de haut-fourneau. **Energie finale** : énergie mesurée au compteur. **Besoin brut** : énergie nécessaire pour satisfaire un besoin. Le calcul inclus les déperditions par les parois, le renouvellement d'air, les ponts thermiques, les gains (solaires, métaboliques, par les équipements). **HPE** : Haute Performance Energétique. **THPE** : Très Haute Performance Energétique. **BBC** : Bâtiment Basse Consommation. **EnR** : Energies Renouvelables. **ECS** : Eau Chaude Sanitaire.

Construire énergétiquement efficace

On l'a dit dans les propos liminaires : il n'y a pas une recette pour construire énergétiquement efficace mais bien un ensemble de solutions. Les projets développés dans ces pages favorisent certaines plus que d'autres. Toutefois, parmi les fondamentaux, on retrouve partout la recherche des apports solaires passifs et de la lumière naturelle, l'isolation renforcée, le choix d'un mode de chauffage économe, le recours aux énergies renouvelables.

Les apports solaires passifs et l'architecture bioclimatique

Capter les apports solaires grâce à une bonne exposition.

Dans les grandes lignes, une maison bioclimatique se caractérise par la mise en adéquation de l'habitat avec le comportement de ses occupants et le climat, pour réduire au maximum les besoins de chauffage ou de climatisation. Le principe consiste à capter la chaleur naturelle de par une bonne exposition du bâti, à la stocker dans des matériaux lourds qui la diffuseront lentement (brique, terre, dalle béton) et à la conserver dans la maison grâce à une bonne isolation.

L'implantation et l'orientation du projet, le calcul de ses ouvertures font l'objet de toutes les attentions. Une architecture bioclimatique se caractérise par des ouvertures de grande dimension au sud, très peu d'ouvertures au nord, peu d'ouvertures à l'est (soleil du matin), peu d'ouvertures à l'ouest (soleil du soir).

Cette idée de grandes ouvertures au sud s'accorde bien avec le désir de transparence qu'expriment la plupart des maîtres d'ouvrage aujourd'hui, comme avec ce concept de maison dedans-dehors qui consiste à un effacement des limites de l'habitat dans son environnement. Cependant le vitrage est une source de déperditions de chaleur. L'architecture bioclimatique respecte donc un ratio de surface vitrée par rapport à la surface habitable : 20 à 35 % au sud, 10 à 25 % à l'ouest et à l'est, 0 à 10 % au nord.

Les pièces de vie sont généralement placées au sud et les espaces dits « de services », au nord. La qualité des vitrages – double à faible émissivité, voire triple dans les maisons passives – est privilégiée dans les constructions économes en énergie. Le lot menuiseries varie de 20 000 à 30 000 € dans les projets abordés, ce qui en fait l'un des postes de dépense les plus élevés après le gros œuvre, la charpente ou la maçonnerie.

L'architecture bioclimatique favorise la compacité, c'est-à-dire une forme qui évite la multiplication de parois en contact avec l'extérieur. Cette idée-là est en contradiction avec la notion de plain-pied, d'étalement qui font partie des demandes des futurs propriétaires.

Isoler pour éviter les déperditions

C'est le point consensuel par excellence même si certains pourfendent l'isolation par l'extérieur ou si d'autres doutent des qualités de certains matériaux naturels. Dans une maison, les principales sources de déperditions viennent de la toiture pour 25 à 30 %, des murs pour 15 à 20 %, de la ventilation pour 10 à 15 %, du sol pour 15 à 20 %, des ponts thermiques pour 5 %, des châssis et vitrages pour 10 à 15 % [5]. Le choix du système constructif influencera bien sûr le choix de l'isolation. Nombre d'architectes rencontrés privilégient l'ossature bois, qui présente l'avantage de l'isolation au cœur du mur. D'autres lui préféreront la brique Monomur, plus lourde, qui propose un système de chauffe basé sur l'inertie. Il existe trois grandes familles d'isolants : minéraux, synthétiques et naturels. Les projets commentés ici optent en grande majorité pour cette dernière catégorie.

Se chauffer

Si les maisons passives peuvent se passer de chauffage grâce à leur étanchéité à l'air, ce n'est pas le cas de la plupart des constructions étudiées dans cet ouvrage. En la matière, certains vont privilégier des solutions au bois ou au gaz s'ils résident en ville. D'autres investissent dans des appareils plus techniques comme les Pac (pompes à chaleur), le puits canadien, la VMC (ventilation mécanique contrôlée) double flux, etc. Le confort thermique est une notion qui s'apprécie souvent individuellement. Le recours aux énergies renouvelables ne tombe pas toujours sous le sens. Certains maîtres d'ouvrage hésitent à investir (malgré le crédit d'impôt, certes vite épuisé) dans un chauffe-eau solaire qui leur coûtera 5 000 € en fonctionnant une partie de l'année seulement. Pour d'autres, ce choix ne fait pas l'ombre d'un doute car leur objectif est de réduire au maximum leur consommation d'électricité. Ce sont eux qui se dirigeront souvent vers le photovoltaïque lorsque leurs moyens d'investissement le leur permettent. Avec un projet : la maison positive.

Eco-styles

De ces contraintes d'efficience énergétique va surgir certainement une nouvelle forme architecturale. Pour autant, l'habitat vernaculaire et ses principes architecturaux, nés d'une économie de moyens et de ressources, inspirent les projets contemporains.

Du modèle de la longère, on retient le principe d'inertie, les qualités d'exposition, la facilité de chauffe d'un volume simple et assez ouvert. Le hangar et la grange séduisent par leur minimalisme et leur sobriété. La compacité recherchée est au rendez-vous des formes « radicales » et monolithiques. « La radicalité » est souvent revendiquée par les architectes qui détournent ces esthétiques industrielles ou agricoles en empruntant leurs matériaux phares.

Parmi les détails stylistiques qui émergent, le volume saillant, sorte d'avant-poste tourné vers le soleil, réinterprète le bow-window. Ce concept de boîte très répandu vient animer un volume principal, cubique ou rectangulaire.

Le bois plebiscité dans l'écoconstruction.

Le toit plat, plébiscité dans la maison contemporaine, facilite la pose et surtout l'orientation optimale des panneaux solaires. Par ailleurs, l'absence ou la faiblesse de pente incite à la végétalisation de la toiture : les toits verts se multiplient. Les maîtres d'ouvrage apprécient leurs qualités esthétiques, thermiques (inertie et isolation) et écologiques (absorption des gaz à effet de serre, limitation des rejets d'eaux pluviales…).

Le choix des matériaux comme le bois, très présent en structure comme en bardage, imprime sa marque dans l'habitat contemporain. Le pin Douglas, imputrescible, réputé pour sa résistance naturelle dans le temps, est sans nul doute l'essence le plus volontiers adoptée actuellement. La teinte grisée qu'il arbore en vieillissant séduit ceux et celles qui veulent du bois en façade sans traitement.

La recherche de la transparence est traitée avec son pendant, celle de l'intimité. La modularité des espaces s'impose : la maison est pensée pour s'adapter à tous les âges de la vie. La séparation des espaces jour/nuit, enfants/parents est marquée, ce qui va dans le sens d'une économie de chauffage et d'éclairage. Les solutions d'habitats groupés se partageant des espaces extérieurs, voire intérieurs, séduisent.

Où habiterons-nous demain ?

5. Collectif, *Les Clés de la maison écologique*, éditions Terre vivante, 2009, p. 65.

« Il faut tenir compte du coût de l'électricité qui va augmenter. »

ENTRETIEN

avec Catherine Gabillard, chargée de mission au Centre d'information sur l'énergie et l'environnement (Ciele), Espace Info Energie à Rennes

Les futurs maîtres d'ouvrage qui se lancent dans un projet de maison économe en énergie cherchent souvent de l'information fiable et personnalisée qu'ils ne trouvent pas forcément, y compris sur internet.

Tous les Espaces Info Energie* proposent plusieurs rencontres avec les maîtres d'ouvrage à différents stades du projet. Un premier rendez-vous peut donc être fixé avant la conception de la maison, au moment de l'acquisition du terrain, afin d'analyser les contraintes d'urbanisme, les possibilités d'orientation et de conception du bâti, son environnement… Une deuxième rencontre peut aider à y voir plus clair sur le choix du système constructif, des matériaux, de l'isolation… Cette recherche d'information doit se faire le plus en amont possible du projet pour une rénovation comme pour une construction neuve. Car penser l'habitat en terme de performance énergétique implique le choix d'un terrain adapté.

Ce futur terrain doit permettre une implantation bioclimatique, une bonne orientation des capteurs solaires si le recours aux énergies renouvelables est envisagé, etc. Il faut penser aussi aux déplacements (domicile-travail). L'idée de s'installer entre les deux lieux professionnels du couple a la vie dure. Mieux vaut s'établir le plus près possible de l'un des deux et favoriser les transports en commun. Si possible, bien sûr !

Installation de capteurs solaires sur un toit terrasse pour le chauffage de l'eau sanitaire.

Pouvez-vous les aider sur le choix du mode de chauffage et son dimensionnement ? Cette question revient souvent dans le parcours des personnes rencontrées.

Cela fait partie des points abordés avec les accédants à la propriété lors de ces rencontres. S'il s'agit d'un projet de construction, on évoque la question de la surface. Est-ce judicieux de construire une maison de 160 m² pour deux ? On aborde aussi la question de la compacité et de l'isolation. Après, il est possible de dimensionner le réel besoin de chauffage en fonction d'un bâti existant ou futur et du nombre de personnes qui y vit. Le choix du mode de chauffage va aussi dépendre des ressources en présence. Il n'y a pas de gaz naturel partout ; l'usage du bois n'est pas envisageable par tous, etc. Les Espaces Info Energie disposent d'un outil informatique qui permet de réaliser un prédiagnostic thermique et d'évaluer la puissance de chauffage nécessaire à une habitation. Pour une étude fine, il faut s'adresser à un thermicien.

La question de la rentabilité des énergies renouvelables est souvent posée avec la possibilité qui est offerte d'accéder à un crédit d'impôt sur l'achat du matériel.

Le crédit d'impôt, jusqu'à présent, portait sur l'achat du matériel (certaines pompes à chaleur, photovoltaïque, chauffe-eau solaire…). Son taux devrait baisser en cette année 2010, en passant de 40 % à 25 % sur l'achat de pompes à chaleur (Pac) mais être maintenu à 40 % pour les énergies renouvelables. Son champ d'application est étendu aux frais de main-d'œuvre pour les travaux d'isolation thermique des parois opaques (murs, toiture, plancher…). Cela va plutôt dans le bon sens, il me semble.

Quant à la rentabilité de l'investissement, est-ce vraiment la question à se poser ? Est-ce qu'on se la pose lorsqu'on achète une voiture, un frigo ou de la déco ? Lorsqu'on pense « énergies renouvelables » aujourd'hui, on parle d'amortissement, de rentabilité. Or, ce qu'il faut surtout avoir en tête, c'est que l'on consomme de l'énergie gratuite, non polluante, au lieu de consommer de l'électricité ou du fioul. De plus, il faut prendre en compte le coût de l'électricité, qui va certainement augmenter.

* Pour obtenir le numéro d'appel de l'Espace Info Energie le plus proche de chez vous, composez le numéro Azur de l'Ademe : 0810 060 050. Espace Info Energie Bretagne, n° Indigo : 0820 820 466.

Rénover

Une chaudière au bois.

La France compte 19,1 millions de logements construits avant 1975, dont la plupart sont peu voire pas isolés. La plupart de ces logements sont chauffés avec des énergies fossiles (fioul ou gaz naturel) ou par des sources utilisant l'électricité.

Afin de réduire les émissions de GES, le Grenelle de l'environnement a fixé un objectif ambitieux : parvenir en 2012 à une consommation énergétique de 80 kWh/m2/an dans l'habitat rénové sachant qu'aujourd'hui la consommation moyenne des logements non rénovés est évaluée à 300 kWh/m2/an[6]. Là encore, le chantier est immense.

Dans le cadre du festival « Petites Machines à habiter » 2008-2009, le Conseil d'architecture d'urbanisme et d'environnement (CAUE) de la Sarthe[7] a organisé un concours d'idées intitulé « Ça va barder ! Comment rhabiller sa maison pour l'hiver ? ». Les participants devaient imaginer la rénovation d'un pavillon des années 1970. Les lauréats, Anne-Sophie Coué et Stéphane Mauget, deux jeunes architectes nantais, ont séduit le jury avec le projet « C'est dans l'air » utilisant des techniques et des matériaux durables.

6. Didier Carbiener, *L'Habitat durable*, Edisud, 2009, p. 5.
7. www.caue-sarthe.com

Les travaux de rénovation thermique portent en priorité sur l'isolation des murs et du toit. Dans le cas de cette néo-bretonne des années 70, la rénovation tient de la métamorphose. Les propriétaires ont fait le choix des énergies renouvelables avec un chauffe-eau solaire et des panneaux photovoltaïques qui produisent de l'électricité.

« Un manteau d'air pour compenser la faiblesse thermique d'une maison des années 70. »

ENTRETIEN

avec Anne-Sophie Coué et Stéphane Mauget

Comment en êtes-vous venus à travailler sur ce projet ?

Nous avons eu envie de répondre au concours d'idées proposé par le CAUE de la Sarthe. On a tous dans notre entourage quelqu'un qui habite dans l'une de ces maisons avec son plan type. Cela représente en France près de 3 millions de logements à rénover. La question mérite qu'on s'y intéresse !

En quoi consistait le cahier des charges ?

Les projets devaient répondre à quatre questions : Comment renforcer l'isolation thermique ? Comment redynamiser l'agencement intérieur ? Comment amener plus de lumière ? Comment faire dialoguer la maison et le jardin ? Nous devions compenser la faiblesse thermique de cette maison construite dans les années 1970 en mettant en œuvre des techniques et des matériaux répondant aux exigences actuelles du développement durable.

Quel principe de rénovation thermique avez-vous proposé pour ce type de pavillon, réputé pour être très mal isolé ?

Nous avons adapté une solution au système constructif existant (de la brique creuse de 20 cm, une épaisseur de 4,5 cm d'isolant de type laine de verre et une contre-cloison en briques creuses de 3 cm). Les rampants n'étaient pas isolés. Pour compenser la faiblesse de l'isolation, il fallait trouver une solution performante, novatrice et écologique, sans négliger le traitement de la façade. Nous avons proposé de mettre en place un « manteau d'air » englobant les façades, les pignons et la toiture. Car l'air, gratuit, à la portée de tous, est un bon isolant. Ce matelas d'air vient compenser les faiblesses thermiques de cette maison, été comme hiver.

L'air est emprisonné dans un espace de 25 à 30 cm entre une seconde peau textile fixée sur une structure en aluminium et la membrane noire d'étanchéité qui recouvre la façade isolée par l'extérieur. Capté dans le bas de la façade, l'air, en se réchauffant, remonte naturellement jusqu'au faîtage. Une fois là-haut, il est soit relâché en période chaude et, dans ce cas, cette circulation aura rafraîchi les murs, soit aspiré par un accumulateur thermique situé sous le rez-de-chaussée.

Couplé à une ventilation double flux, l'air chaud stocké est redistribué dans les pièces de la maison. La nuit ou en période froide, il n'y a pas de circulation, et l'air constitue le meilleur des isolants. Le motif imprimé sur le textile personnalise le volume de la maison. Les linteaux et les appuis des fenêtres sont recouverts de miroirs pour favoriser l'entrée de la lumière. La baie en angle au sud-ouest dans le salon permet de bénéficier des apports passifs.

(photomontage Mauget-Coué)

Comment y avez-vous répondu en matière de fonctionnalité ?

Guidés par l'idée que la famille d'aujourd'hui est plurielle, nous avons imaginé non plus *une* façon d'habiter les lieux mais *des* façons d'habiter. Le plan peut évoluer en fonction des besoins de cette famille de quatre ou cinq personnes. Au départ, nous avions une maison à étage avec un sous-sol, beaucoup de portes, des espaces cloisonnés, peu d'ouvertures sur le jardin. Une surface utile de 120 m^2 environ, avec deux chambres au rez-de-chaussée et deux autres sous rampants à l'étage.

Au rez-de-chaussée entièrement restructuré, nous avons proposé deux espaces évolutifs situés côté jardin. Grâce à un jeu de portes battantes et de sas, ils peuvent être isolés comme des espaces intimes (chambres ou bureau). Ou bien, au contraire, on peut les décloisonner en ouvrant toutes les portes. Dans cette configuration, tous les espaces du rez-de-chaussée communiquent entre eux. Les blocs de services, seuls espaces fermés, organisent la circulation.

Le salon, désormais tourné vers le jardin, bénéficie d'un éclairage naturel de qualité grâce à la baie en angle ouverte sur une terrasse. Nous avons aussi retravaillé les percements en proposant, par exemple, trois fenêtres très verticales, côté jardin, qui cadrent une vue attractive sur le paysage. Des balcons plongeoirs dialoguent avec les trois bassins de récupération des eaux pluviales.

Le moulin de la Mancha

Labellisée passive

Architecte
CHRISTOPHE GAUFFENY

La première maison passive de Bretagne aura vu le jour dans une petite commune rurale des Côtes-d'Armor. A Boqueho, à mi-chemin entre Guingamp et Saint-Brieuc. Un petit millier d'âmes, un habitat dispersé en minuscules villages et la forêt du Bois Meur peuplent ce joli coin de campagne. Le paysage très vallonné prend parfois des tonalités irlandaises. La maison des Briand est située non loin de la forêt. En haut d'une côte, sur une butte qui domine le lit d'une rivière bordée de hêtres et de châtaigniers.

L'imposante bâtisse en bois blond repose sur le bief d'un ancien moulin, ce petit canal qui amenait autrefois l'eau vers la roue à aube. Quelques vieilles pierres, conservées par les propriétaires, témoignent encore de ce passé.

Raconter les lieux

En arrivant depuis la route, la première rencontre se fait avec le pignon est, assez massif. En faisant abstraction de la passerelle qui la dessert et du format original des ouvertures, on pourrait presque penser qu'il s'agit d'une menuiserie ou d'un bâtiment agricole.

A un volume simple bardé de bois, presque carré, est adossé un autre volume plus resserré et étiré par un toit monopente. Sa particularité tient dans le traitement de la façade, constituée de polycarbonate. Ce matériau translucide laisse apparente une partie de l'ossature bois comme une sorte de manifeste… Lorsqu'on sait l'amour que les propriétaires portent au bois et à la menuiserie, cet élément prend tout son sens.

En jouant du contraste opacité/transparence, les deux volumes côte à côte racontent subtilement le projet. D'un côté, la partie passive affirme sa nature : un volume habitable parfaitement étanche et compact.

Ce projet a été influencé par le modèle architectural du Vorarlberg. Les propriétaires ont arpenté cette région d'Autriche, laboratoire de l'architecture durable en Europe. Convaincus par l'intérêt de la Maison passive, ils ont souhaité appliquer ses principes au plus juste. L'architecte autrichien Walter Unterrainer, pionnier de la Maison passive, a réalisé les études thermiques.

Vue du pignon ouest. Adossée à une butte, la maison repose sur l'ancien bief d'un moulin, sorte de petit canal qui amenait autrefois l'eau.

De l'autre, la partie annexe, non passive, se montre ouverte, plus légère pour un usage occasionnel.

Les formes utilisées sont simples. Les volumes sont imposants, avec une dizaine de mètres au faîtage. Ce choix esthétique est revendiqué par l'architecte, Christophe Gauffeny : « Dans ce paysage, il y a deux solutions : on fabrique quelque chose de végétalisé qui s'efface ou bien un bâtiment qui s'impose en faisant écho avec les lieux et leur histoire. »

En apesanteur

Au nord, une butte préexistante protège des vents et de la pluie. La façade sud regarde le petit vallon descendre vers la rivière et son rideau d'arbres. Le dénivelé et cette vue ont été superbement mis à profit à l'intérieur de la maison. En effet, une fois passé le hall d'entrée, sorte de sas vers la partie passive, on arrive directement dans la pièce principale. Là, un écran panoramique vitré de 13,50 m de long donne le sentiment d'être en suspension dans les arbres. On ne voit ni le sol, ni le ciel.

La légèreté du dispositif contribue à cette sensation spatiale : douze vitrages de 1 m de large par 2,09 m de haut se succèdent, sans dormant, ni seuil, posés au nu du mur. Douze travées, les douze poteaux de l'ossature, rythment ce cadrage sur la nature qui occupe toute la largeur de la façade sud. Ils dissimulent astucieusement la jonction des baies, qui

Angle nord-ouest, à l'arrière de la bâtisse. On distingue bien les deux parties de la maison : l'une non passive, habillée de polycarbonate sert de jardin d'hiver, de garage et de remise. Cet espace tampon apporte de la lumière à l'autre partie, passive, plus fermée et bardée de bois.

ne semblent former qu'une seule et même ouverture. L'effet est saisissant. La finesse de cette architecture réside dans sa simplicité ponctuée de quelques points forts, comme celui-ci.

Le rez-de-chaussée abrite donc la vaste salle de séjour-cuisine et, dans son prolongement, la chambre parentale. Séparée par une demi-cloison, elle bénéficie de cet effet panoramique. Les maîtres d'ouvrage envisagent toutefois une porte coulissante afin d'isoler au besoin leur chambre. Des murs blancs, des menuiseries en bois, un parquet en chêne (la même simplicité se retrouve à l'étage, qui comprend les chambres des trois enfants et deux pièces plus intimes). Un salon de télévision s'ouvre grâce à une grande baie fixe sur un puits de hauteur dans le volume annexe. La deuxième pièce, un bureau, possède une bande d'ouverture de 4,50 m d'un seul tenant pour contempler le paysage.

On accède à la partie non passive, dans le haut comme dans le bas de la maison. Cet espace, encore en cogitation, devrait trouver sa vocation : jardin d'hiver et atelier au rez-de-chaussée ; buanderie, salle de jeux à l'étage. La lumière du nord filtrée par le polycarbonate y est très douce ; les compagnons charpentiers ont apposé ici leur signature : quatre croix de Saint-André, juste pour le plaisir des yeux.

Ouverture en bandeau à l'ouest : panoramique de 4,50 m sur le paysage.

Le travail sur les ouvertures contribue à la réussite du projet. En façade sud, la baie forme un écran vertigineux de 13,50 m de long.

La cuisine entièrement décloisonnée profite de deux sources de lumière directe au nord et à l'ouest.

Différentes essences locales de bois ont été choisies : du chêne pour le parquet, du cyprès pour le bardage, du pin Douglas pour l'ossature. Les propriétaires ont utilisé leur propre bois pour fabriquer certains éléments structurels comme les poteaux apparents dans le salon et la cuisine ou les lames du bardage.

Une impression d'apesanteur saisissante dans la pièce principale. C'est l'effet réussi de la grande baie qui joue avec le dénivelé du terrain. Vertigineux !

Un chantier expérimental

Ce chantier un peu particulier relève d'une aventure commune démarrée en 2006. Roland Briand, alors maire de la commune, projette la construction d'un éco-quartier à Boqueho. Un voyage d'étude dans le Vorarlberg, en Autriche, l'a convaincu du principe de la maison passive. Il envisage de l'adapter à la Bretagne : « Si l'on veut développer une petite commune rurale, il est intéressant de proposer un mode constructif économe en énergie qui compense l'utilisation de la voiture. » Le projet fédère des architectes et plusieurs entreprises locales qui se forment aux techniques de la maison passive. Appelés aux urnes en 2008 pour les municipales, les électeurs sanctionnent le projet. Roland Briand ne sera pas réélu…

Bien sûr, les artisans qui ont travaillé sur la maison des Briand étaient de l'aventure. Ce projet a fourni l'occasion de concrétiser et d'expérimenter ce savoir-faire acquis mais non utilisé jusqu'alors.

La maison, d'une superficie de 200 m^2, ne comporte aucun chauffage. Les apports passifs, la super isolation et la ventilation double flux à haut rendement suffisent. Grâce à l'étanchéité de la structure, la température varie de 15 à 21 °C en fonction de l'heure de la journée, de la saison et de l'occupation de la maison. « L'étude thermique a été réalisée par l'architecte autrichien Walter Unterrainer avec le logiciel Passivhaus, souligne le maître d'ouvrage. Ce qui nous permet d'atteindre ces résultats. »

Afin d'obtenir une étanchéité à l'air extrême et une absence totale de ponts thermiques, l'ossature bois a été littéralement enveloppée dans un manteau de laine de bois par l'extérieur. A l'intérieur, les murs sont isolés par une couche d'ouate de cellulose insufflée de 28 cm. La maison repose sur un vide sanitaire de 60 cm. Le plancher haut a été isolé avec une couche de 30 cm dans la continuité de l'enveloppe. Même chose sous le toit double pente en bac acier. Afin d'éviter les ponts thermiques au niveau de la charpente, un faux plafond a été constitué et isolé (30 cm d'ouate de cellulose), comme le couvercle d'une boîte.

Les fenêtres sont réalisées avec du triple vitrage et des menuiseries en bois. « Chaque liaison, le contour des menuiseries, le moindre recoin a été calfeutré. Tout le monde, sur le chantier, a joué le jeu », souligne l'architecte. Résultat : la maison consomme 9 kWh/m^2/an pour le chauffage. A savoir, l'électricité nécessaire pour faire fonctionner la double flux. Elle devrait subir l'ultime test, le Blower Door (à lire en introduction) avant d'obtenir la certification Passivhaus.

A gauche : La chambre située au rez-de-chaussée s'inscrit dans le prolongement du salon.
A droite : Les toilettes sèches.

Rez-de-chaussée.

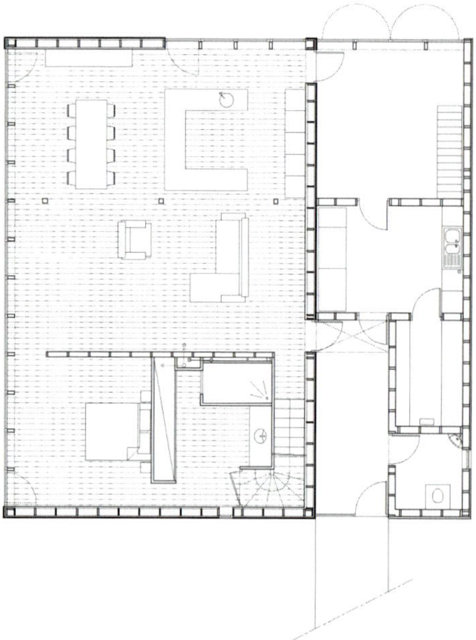

Etage.

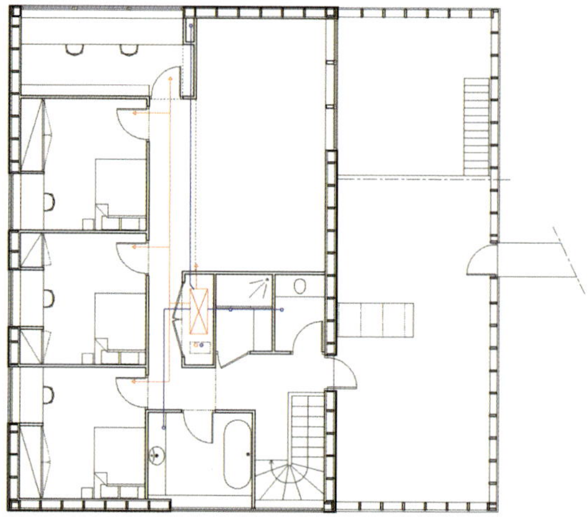

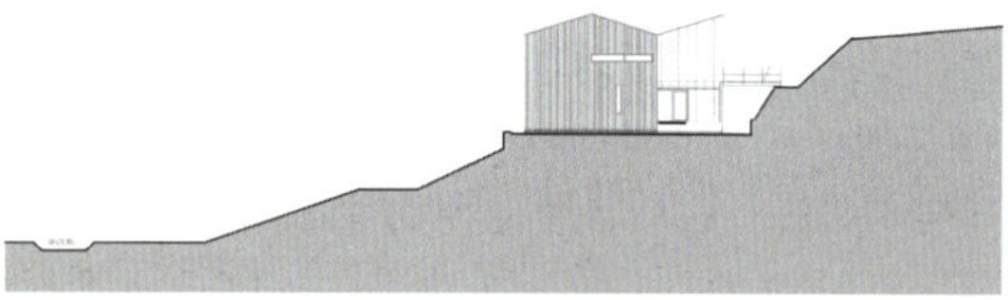

Posée sur une plate-forme, la maison s'inscrit parfaitement dans la pente.

Focus technique

LA MAISON PASSIVE

Appelée aussi « maison sans chauffage », c'est une construction à très basse consommation. Pour atteindre cet objectif, la maison passive utilise au maximum la chaleur passive du soleil. Elle requiert une très forte isolation (des murs, des fenêtres, du toit), l'absence de ponts thermiques, une grande étanchéité à l'air ainsi que le contrôle de la ventilation.

Les besoins en énergie primaire totale (électroménager inclus) doivent être inférieurs à 120 kWh/m^2/an. Elle ne consomme pas plus de 15 kWh/m^2/an en énergie primaire pour les besoins de chauffage. Car les fenêtres et l'isolation extrêmement efficace permettent de maintenir la chaleur à l'intérieur. La ventilation mécanique contrôlée (VMC) double flux récupère la chaleur de l'air sortant pour réchauffer l'air entrant dans un échangeur thermique. Celle qui est installée chez M. et Mme Briand affiche un rendement de 90 %, c'est-à-dire qu'elle récupère 90 % des calories contenues dans l'air sortant. Ainsi, pour se chauffer, la maison passive utilise toutes les sources de chaleur passives disponibles : soleil, habitants, électroménager, etc.

La certification Maison passive ou Passivhaus est obtenue après avoir passé le test Blower Door, qui mesure l'étanchéité à l'air. La certification a un coût qui s'élève de 900 à 1 400 €€. A cela s'ajoute le prix du test de la porte : environ 500 € TTC. Son surcoût est de 15 à 25 % pour une maison individuelle et de 5 à 10 % en habitat collectif et bureaux[1].

1. www.lamaisonpassive.fr

Entrée à l'est par une passerelle.

Ce qu'en pensent les propriétaires

« Nous sommes allés au bout pour montrer que la maison passive, c'est possible, s'exclame Roland Briand. Nous sommes persuadés que c'est la solution d'habitat la plus rentable en terme écologique comme financier. Mais, c'est certain, il faut une qualité de mise en œuvre et de matériaux. Nous avions la chance d'avoir des artisans formés ici ; tous les corps de métier se sont approprié le chantier, ce qui a permis d'atteindre le but recherché : une parfaite étanchéité à l'air. L'effet thermos, c'est psychologique. Rien ne nous empêche d'ouvrir les fenêtres ! Nous avons aussi souhaité l'usage de matériaux locaux. Dans une logique d'économie d'énergie grise, nous avons employé notre bois, du cyprès, pour le bardage. Ce qui explique l'irrégularité des lattes et l'aspect aléatoire du bardage. Nous avons des toilettes sèches et nous utilisons l'eau de notre puits. Notre démarche est globale.
Par rapport à une maison classique, le surcoût existe, bien sûr. Mais lorsqu'on le rapproche du coût de fonctionnement, il est amorti sur quinze ans. Le poste isolation est important (26 000 €).
La double flux (22 800 € TTC) est un modèle autrichien de haute qualité, pas du tout sonore ; elle fournit aussi l'eau chaude sanitaire. Quand je regarde ma maison, je me dis qu'elle est presque trop belle ! »

Le regard d'un thermicien sur… la maison passive

En matière de performance énergétique, l'une des données fondamentales est le fichier météorologique du site de la construction. Nous avons encore beaucoup de mal à récolter des données météo. En effet, la mesure de radiation solaire par Météo France est très récente.
C'est pourtant le type d'informations qui permet de calibrer au plus juste les logiciels de simulation thermique : le comportement du bâtiment est étudié selon les données climatiques précises. Cela nous guide pour transposer des solutions constructives utilisées en Autriche sur notre territoire. Ce qui n'est pas forcément aisé.
Compte tenu de ces règles, le Passivhaus fixe un cahier des charges très ambitieux. Les consommations en chauffage, eau chaude sanitaire, ventilation, refroidissement, ainsi que celle des auxiliaires, de l'éclairage et de l'électroménager sont estimées. Ensuite, la valeur globale de consommation est divisée par la surface habitable (la SHON, Surface hors œuvre nette). La solution bois est plus valorisée par ce label que par la RT 2005.

Données techniques

■ Equipe de maîtrise d'œuvre
Architecte : Christophe Gauffeny
Date de livraison : juillet 2009
Durée des études : 6 mois
Durée des travaux : 12 mois
Localisation : Boqueho, Côtes-d'Armor (22)
SHON : 344,50 m^2 – Surface habitable : 200 m^2 – Surface annexe : 80 m^2
Coût au m^2 : 1 504 € TTC

■ Evaluation de la partie autoconstruite
Finition huilée des sols, peinture des murs, faïences des douches : 20 000 €
Fourniture du bardage en cyprès : 5 000 €

■ Ventilation des coûts lot par lot
Terrassement : 7 000 €
Gros œuvre : 20 697 €
Charpente Douglas, pose bardage : 149 062 €
Couverture, bardage polycarbonate : 17 218 €
Isolation : 28 090 €
Menuiseries extérieures : 34 735 €
Menuiseries intérieures : 11 683 €
Cloisons : 22 401 €
Ventilation double flux Drexel und Weiss (Autriche) : 23 194 €
Electricité, domotique : 14 950 €
Plomberie : 11 837 €

■ Consommation énergétique
Pour le chauffage : 9 kWh/m^2

■ Techniques et équipements
• Chauffage
Il n'y a pas de système de chauffage.
L'eau chaude sanitaire est fabriquée par une petite pompe à chaleur qui récupère les calories sur l'air sortant de la double flux.
• Système constructif et isolation des murs et du toit
La construction est constituée d'une ossature de 22 cm en pin Douglas fermée à l'extérieur par des panneaux de contreventement et d'un frein vapeur intérieur qui fabrique l'étanchéité à l'air. Les caissons ainsi constitués sont remplis d'ouate de cellulose. Un panneau de fibre de bois de 40 mm couvre l'ensemble des murs et supprime tous les ponts thermiques.
En plafond et plancher, l'épaisseur d'ouate de cellulose passe à 30 cm.
Coût de l'ensemble de l'isolation fournie posée : 28 000 € TTC
Charpente : 139 000 € TTC
• Menuiseries
Les menuiseries extérieures sont, pour les ouvrants, des fenêtres avec triple vitrage argon et châssis en pin lamellé-collé et, pour les fixes, une façade rideau triple vitrage argon et profils adaptés aux maisons passives.
Coût de l'ensemble fourni posé : 34 735 € TTC

Maison Diaphane

Maison de ville à ossature bois avec aérothermie

Architectes
DAVID JUET
ET MAGYE N'DIAYE
KEN EN SO

nsaisissable… Sur les photos, elle a presque tendance à se dématérialiser. Cette maison, diaphane comme la lumière pâle du ciel breton, existe pourtant bel et bien. Dans une rue paisible de Saint-Jacques-de-la-Lande (Ille-et-Vilaine), à trois stations de métro du centre de Rennes.

Une partie de sa façade porte, sur la hauteur de ses 6 m, un masque en polycarbonate. Ce rideau translucide émet une aura un peu étrange, qui rend la construction irréelle.

A côté, une surface de même proportion mais bardée de fibre-ciment opaque joue le contraste des matières. Le tout forme un volume monolithique presque carré, enchâssé entre deux maisons de style néo-breton. Un choc esthétique qui renforce la singularité de cet ensemble résolument minimaliste.

Derrière le rideau

Pour entrer, on l'aura compris, il faut écarter le rideau. Derrière apparaît le vrai visage de la maison dans laquelle on ne pénètre vraiment qu'après avoir traversé le patio. La porte vitrée et une ouverture fixe laissent filer une lumière diffuse, adoucie par le polycarbonate. Si esthétique soit-il, ce filtre a aussi pour vocation d'optimiser les apports de lumière et de chaleur au sud tout en préservant l'intimité des habitants.

Les camaïeux de gris de la façade se retrouvent à l'intérieur, du sol au plafond. Deux notes plus bruyantes, l'escalier noir et le sofa rouge, animent cette douce harmonie. Le décor est à l'image des lignes la maison : un design épuré, un minimalisme sans affectation.

Côté rue, on ne devine rien du jardin zen qui prolonge le rez-de-chaussée de cette maison. Un jeu de décalage des volumes permet de bénéficier de la lumière naturelle partout. Le calepinage des panneaux en fibre-ciment gris clair et les ouvertures très étirées contribuent à une composition très graphique.

Les deux parties bien distinctes de la façade renseignent aussi sur l'architecture de la maison. Ils correspondent aux deux volumes rectangulaires qui, décalés, ont permis de ménager au sud un patio d'entrée végétalisé, et au nord, un patio/impluvium.

En bas : L'avancée de la terrasse entièrement, une baie vitrée en angle de 9 m linéaire sur 2,70 m de haut, ici vue de l'escalier complètement... noir !

La pièce principale salon-salle à manger-cuisine s'ouvre sur le carré de verdure d'un jardin de ville. Une baie en forme de L referme cet espace épuré de 60 m². La hauteur des vitrages (2,70 m), leur ampleur (9 m linéaire) et la légèreté des châssis composent un écrin de verre. La terrasse côté jardin est suspendue en porte-à-faux sur la grande baie du salon. Dans l'axe de l'escalier, une double hauteur de 6 m apporte de la lumière indirecte et une agréable sensation d'espace.

Tous les espaces de services sont logés côté est : garage, buanderie, local technique, toilettes. A deux pas de la cuisine, comme le souhaitaient les maîtres d'ouvrage.

A l'étage, un bureau peut se transformer en chambre d'amis grâce à une cloison japonaise en polycarbonate. Cet espace modulable se prolonge par une terrasse. Un couloir dessert les chambres, la salle de bains, le dressing-buanderie. Dans la chambre parentale, une baie ouvrante donne sur une petite coursive en bois qui surplombe le patio de l'entrée. Les architectes ont été attentifs à ce genre de détails qui font la qualité des espaces.

Une épure

Installés depuis peu dans la région rennaise et habitués aux transports en commun parisiens, les propriétaires de cette maison cherchaient une habitation de ville, proche de leurs lieux de travail et des commodités. Ils font l'acquisition de ce terrain de 250 m2 avec une idée claire de ce qu'ils veulent : une maison épurée, originale, très contemporaine avec de grandes fenêtres pour une surface utile de 150 m2. Le jeune couple, qui a un enfant, privilégie les énergies renouvelables et les matériaux sains. Ils rédigent même un cahier des charges avec photos précisant leurs choix esthétiques, leurs goûts architecturaux, leurs idées sur le plan et sur la cohésion des espaces. « Nous avons choisi les architectes de Ken En So car nous avons senti qu'ils pouvaient nous répondre en nous surprenant. Ils ont su nous écouter sans être trop directifs », se souvient Yann.

Le projet proposé adopte l'ossature bois comme système constructif avec une double isolation : 145 mm d'ouate de cellulose insufflée et 100 mm de chanvre. La toiture est constituée d'un bac acier anticondensation isolé et d'un faux plafond garni d'ouate de cellulose insufflée. Une pompe à chaleur par aérothermie (air-eau) est posée sur le toit. Elle alimente en chaleur le circuit du plancher chauffant et des radiateurs à basse température de l'étage. Une VMC double flux apporte de l'air préchauffé à une température qui varie entre 10 et 12 °C. Le circuit du plancher chauffant est placé dans une dalle autoportée sur un vide sanitaire recouverte d'une chappe de ragréage traitée à l'huile dure. Le ballon d'eau chaude est électrique. Original, épuré, écolo, le projet est une réussite…

Le rez-de-chaussée est constitué par une grande pièce salon-cuisine qui s'ouvre sur le jardin intérieur.

Une double hauteur dans le salon.

L'esthétique minimaliste du projet est parfaitement assumée par les propriétaires : « Certains lui reprochent une certaine froideur. Nous allons compenser par des touches vertes, avec des bambous dans l'entrée, des fleurs d'eau dans le bassin et peut-être un figuier dans le jardin. »

Rez-de-chaussée.

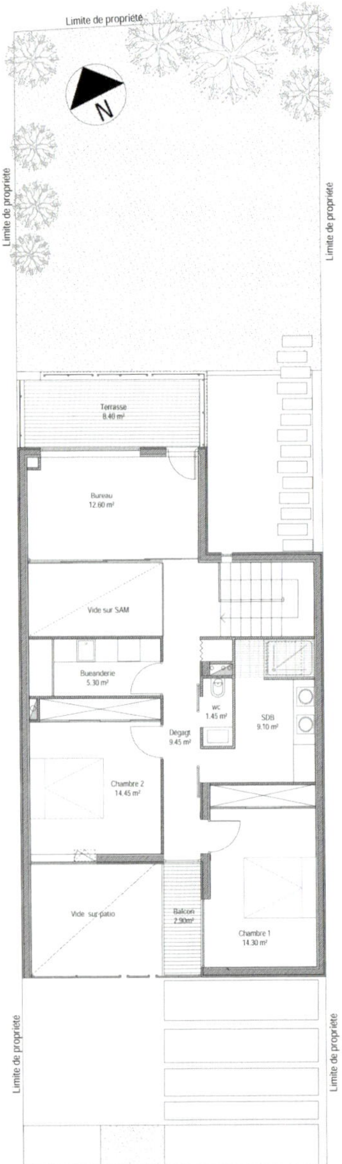

Etage.

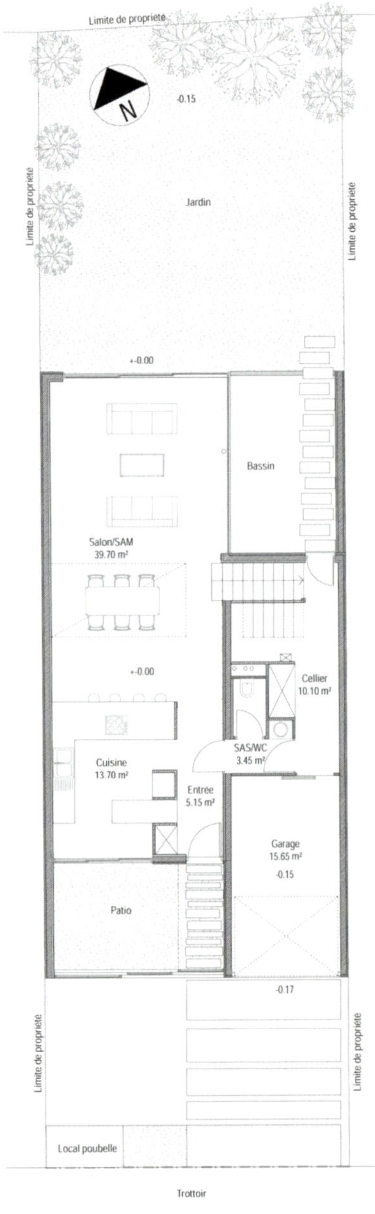

Une cloison mobile en polycarbonate permet d'isoler le bureau à l'étage.

Ce qu'en pensent les propriétaires

« Le volet environnemental faisait partie de notre cahier des charges : isolation renforcée, matériaux sains et pas de chauffage électrique. Par élimination, nous nous sommes orientés vers une pompe à chaleur, explique Yann. Nous n'avions pas assez de surface de jardin pour installer la géothermie par capteurs horizontaux donc nous nous sommes dirigés vers l'aérothermie, un système air-eau, car nous souhaitions un plancher chauffant. Nous avons deux circuits : l'un alimente ce plancher, l'autre les radiateurs de l'étage. Pour choisir le modèle, j'ai demandé plusieurs devis. C'est le rapport qualité-prix qui a déterminé ce choix. De plus, j'ai fait appel à un installateur que je connaissais. J'ai bénéficié d'un crédit d'impôt de 50 % sur l'achat du matériel, soit 2 000 €. Le coût du système complet de chauffage s'élève à 8 220 €. La première facture d'électricité m'a un peu déçu ; je pense qu'elle était élevée car le chantier n'était pas tout à fait terminé lorsque j'ai allumé le chauffage. Il a fallu aussi que le plâtre des murs sèche. Nous ne pourrons réellement avoir du recul qu'après cet hiver, le premier que nous allons passer dans notre maison. Je n'ai pas investi dans un chauffe-eau solaire. Un chauffe-eau classique coûte 500 €, le solaire thermique, dix fois plus. Il a fallu faire des choix… »

Focus technique

LA POMPE À CHALEUR (PAC) AIR-EAU

Pas de capteur, ni d'autorisation préalable, un boîtier placé à l'extérieur ou à l'intérieur : la Pac séduit par sa facilité de mise en œuvre. Le principe consiste à capter la chaleur de l'air extérieur, à remonter le niveau de la température par compression et à transférer cette chaleur dans un système de chauffage (ici, un plancher chauffant). Certains systèmes réversibles en été assurent le rafraîchissement de la maison.

Pour ces opérations, la Pac consomme de l'énergie électrique. Pour 1 kWh d'électricité consommée, elle restitue 3 à 4 kWh de chaleur. Ce rapport est le coefficient de performance (COP machine). L'Ademe recommande un minimum de 3,5.

Il est important de bien dimensionner la puissance de sa Pac. Ce calcul dépend de plusieurs facteurs : les déperditions de chaleur, la température de base (qui dépend du lieu où l'on vit), le volume à chauffer, le type de chauffage (plancher chauffant, radiateurs, etc.). Il est conseillé de vérifier son niveau sonore. La production d'eau chaude sanitaire est possible.

Un système d'appoint est intégré pour pallier une baisse de rendement en cas de grands froids. Certains modèles fonctionnent sans, même à basse température. Un contrat de maintenance doit être exigé. L'Ademe conseille de choisir des installateurs expérimentés, et s'associe à la démarche qualité Qualipac de l'Association française pour les pompes à chaleur (AFPAC).

Coûts indicatifs[1] :

Investissement : de 65 à 90 € TTC/m^2

Fonctionnement : de 2,50 à 3,70 € TTC/m^2/an

1. Source : Ademe.

Le regard d'un thermicien sur… le rafraîchissement par la pompe à chaleur

Une maison bien étudiée dans l'Ouest de la France n'a pas besoin d'avoir un système de rafraîchissement. Il suffit de créer des courants d'air en ouvrant les fenêtres sud et nord durant la nuit. La ventilation mécanique contrôlée peut contribuer également à ce rafraîchissement. Il faut garder en mémoire qu'une pompe à chaleur a de l'intérêt pour se chauffer. Les coefficients de performance (COP) ont largement évolué et les COP moyens à -10 °C sont passés largement au-dessus de 3 °C aujourd'hui. L'usage d'un appoint au bois plutôt que l'appoint électrique intégré par le fabricant est une des solutions qui devrait se multiplier.

Une coursive en bois et polycarbonate.

Données techniques

■ Equipe de maîtrise d'œuvre

Architectes : David Juet et Magaye N'Diaye

Mission architectes : mission complète

Année de réalisation : printemps 2009

Durée des études : 11 mois

Durée des travaux : 11 mois

Localisation : Saint-Jacques-de-la-Lande, Ille-et-Vilaine (35)

Superficie du terrain : 250 m^2

SHON : 182,80 m^2

Coût au m^2 : 1 475 € TTC

■ Ventilation des coûts lot par lot

Gros œuvre : 41 742 €

Couverture : 14 233 €

Etanchéité eth : 3 311 €

Isolation : 9 992 €

Ossature bois : 80 882 €

Menuiseries extérieures : 27 592 €

Menuiseries intérieures : 13 522 €

Serrurerie : 15 391 €

Cloisons sèches et plafonds : 20 925 €

Chauffage, plomberie, sanitaire : 20 823 €

Electricité, VMC : 9 330 €

Revêtement : 2 053 €

Peinture : 14 282 €

■ Consommation énergétique

Non communiquée

■ Techniques et équipements

• Principe constructif

Ossature bois

• Couverture

Bacs aciers isolés en sous-face anticondensation

• Bardage

Fibre-ciment 8 mm couleur gris. polycarbonate : mur de façade sud, garde-corps balcon

• Isolation

Ouate de cellulose insufflée entre ossature, doublage intérieur en laine de chanvre

• Chauffage

Pompe à chaleur (plancher chauffant au rez-de-chaussée), radiateurs basse température à l'étage

• Ventilation

VMC double flux

• Menuiseries extérieures

Aluminium

Maison ponton

BBC ou presque

Architectes
AA41
(Alexandre Favé)
et IP (Frank Gerno
et Marc Jaeger)

Trentemoult, son petit port des bords de Loire. Au fil de l'eau, les maisons de style rivalisent de chic. Les logements sociaux sont signés Dominique Perrault. Sérieusement liftées, les maisons de pêcheurs regardent pousser l'île de Nantes. Ce secteur classé de Rezé (Loire-Atlantique) n'a rien à envier à l'effervescence architecturale qui agite sa grande sœur. Ce petit laboratoire des formes collectionne les signatures prestigieuses avec, en tête, celle de Le Corbusier et sa Maison radieuse.

« Nous cherchions une maison en Sud Loire, pas trop éloignée de l'hôpital de Nantes, où travaille ma femme, explique Philippe. Pour notre bourse, une maison à Trentemoult, c'était inabordable. Puis, en 2005, on a trouvé et acheté ce terrain. Une parcelle de 290 m² à proximité du quai Surcouf, rendue constructible. On se demandait comment l'exploiter, compte tenu de sa forme (un parallélépipède de 17 m par 11 m, enchâssé entre deux murets de pierre) et du règlement d'urbanisme. Les propositions des pavillonneurs contactés n'étaient guère satisfaisantes. Puis on a rencontré Alexandre Favé et Frank Gerno. L'avant-projet nous a plu : une maison dedans-dehors, un budget raisonnable, des qualités thermiques… »

Sculpturale

Une petite rue peu passante, pas de trottoirs, de hauts murs. Au ras de la chaussée, une porte de garage s'ouvre. L'entrée en matière un peu radicale accentue le contraste avec ce que l'on découvre au-delà. Philippe présente sa maison, « cette structure exotique un peu bizarre ».

Cette maison de ville économe en énergie s'insère dans une parcelle très étroite. Les contraintes imposées par la forme du terrain, un parallélépipède, ont incité les propriétaires à se tourner vers un projet d'architecte, original et bien pensé.

L'entrée, très discrète derrière un haut mur de pierres.

La façade sud, très ouverte et bardée d'acier galvanisé.

La première sensation visuelle est provoquée par le jeu des matières : de larges aplats d'acier, du bois parcimonieusement réparti et du verre, beaucoup de verre. Face à l'entrée, s'ouvre une cour-patio de 80 m^2, occupée par une terrasse en bois, sorte d'estrade où se love un couloir de nage. A droite, un ancien appentis a été transformé en petit studio. Sur la gauche, arrimée à un préau, une structure de verre se déploie vers le volume principal. Sculpturale, cette galerie prolonge de façon inattendue les espaces intérieurs vers l'extérieur.

Occupant la parcelle dans toute sa largeur, le volume principal s'appuie sur les deux murets. Il peut se résumer à la superposition d'un rectangle d'acier sur un rectangle de verre

La maison dispose de deux espaces extérieurs : ici côté sud, la cour intérieure avec sa piscine, sa terrasse en bois et le vieil appentis transformé en petit studio.

armé de pilotis. Plus complexe qu'elle n'y paraît au premier coup d'œil, la maison épouse, en fait, la forme en biais du terrain. Le rez-de-chaussée ouvert de part en part apporte de la légèreté à l'ensemble. Légèrement surélevé par le vide sanitaire, il se traverse comme un ponton, sorte de trait d'union entre le patio et le jardin zen en fond de parcelle.

Double fond

Le plan se développe en toute fluidité, comme une succession d'espaces et de sensations. Avec plusieurs alternatives de parcours. On peut entrer dans la maison par le couloir de verre, ce jardin d'hiver qui, en s'élargissant peu à peu, mute en cuisine. Ou bien passer directement par les ouvrants de la pièce principale, via la terrasse.

Entièrement décloisonné, le plan recèle néanmoins une géographie intime avec ses lieux de replis, ses circulations… « Le rez-de-chaussée est une sorte d'entre-deux où nous avons gardé volontairement la structure porteuse apparente : un portique en béton », explique Alexandre Favé. Ce système constructif associé à l'ossature bois rend possible cette bande d'ouvertures au sud-est, côté cour, sur toute la largeur (7,50 m). Au nord, la façade est seulement ouverte aux deux tiers.

A l'étage, une impression d'architecture navale se confirme. L'escalier (bois, métal, câble) débouche sur une plate-forme en bois aux lames ajourées. A nouveau, la sensation de marcher sur un ponton refait surface. C'est le bureau de Philippe. Il distribue les pièces intimes (chambres, salle de bains).

Au rez-de-chaussée, les murs sont habillés de panneaux de peuplier. Comme dans l'habitacle d'un bateau, cette « coque » s'ouvre par endroits sur un double fond aménagé en placard. Une esthétique de l'escamotable… Ce principe facilite l'habillage des murs obliques et renforce l'effet sculptural de l'ensemble.

Le rez-de-chaussée, ouvert de part en part, se traverse comme un ponton. Espace décloisonné, circulation fluide, transparence font la qualité des espaces.

Au jeu des paradoxes

Comment optimiser les performances thermiques avec une telle surface de vitrages ? « Les ouvertures en façade sud-est se trouvent face aux arbres qui filtrent le soleil, décrit Frank Gerno. Un débord de toit évite la surchauffe estivale. En hiver, la pièce principale bénéficie des apports solaires passifs. Le jardin en fond de parcelle permet de bénéficier d'une lumière douce et stable. »

Afin de compenser les déperditions de chaleur induites par les vitrages, l'accent a été mis sur une isolation renforcée. La double isolation des murs (120 mm + 30 mm de produit Métisse, issu du recyclage de textiles) maintient la chaleur provenant des sources actives et passives à l'intérieur de l'habitation tout en apportant une masse à l'ossature bois. Pour les menuiseries, le choix s'est fait sur la répartition suivante : aluminium au rez-de-chaussée et bois à l'étage. « Une étude thermique a validé ces options. Le diagnostic de performance énergétique classe la maison (180 m^2 de surface utile) en B +. La facture annuelle d'électricité est estimée à 450 €. »

Les maîtres d'ouvrage ont choisi une pompe à chaleur (Pac) par aérothermie pour alimenter le plancher chauffant et produire l'eau chaude sanitaire lorsque les panneaux solaires (4 m^2) ne suffisent plus. La Pac est dissimulée dans un abri de jardin, ce qui écarte l'éventualité d'un désagrément sonore. La machinerie est pilotée de l'intérieur. « Reste à apprivoiser la bête », conclut Philippe.

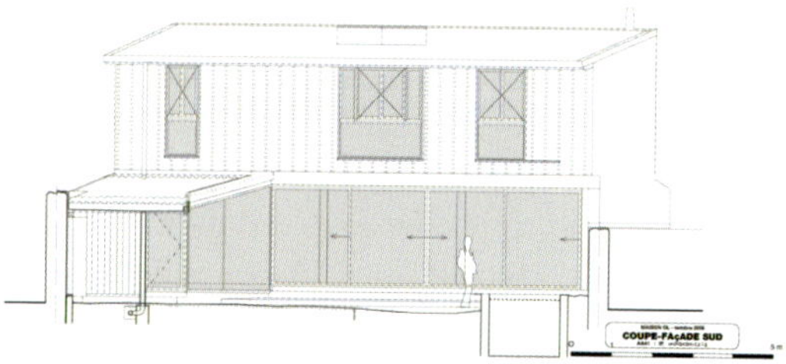

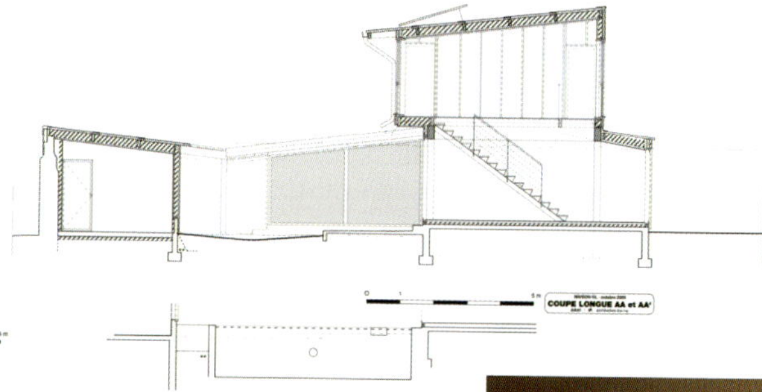

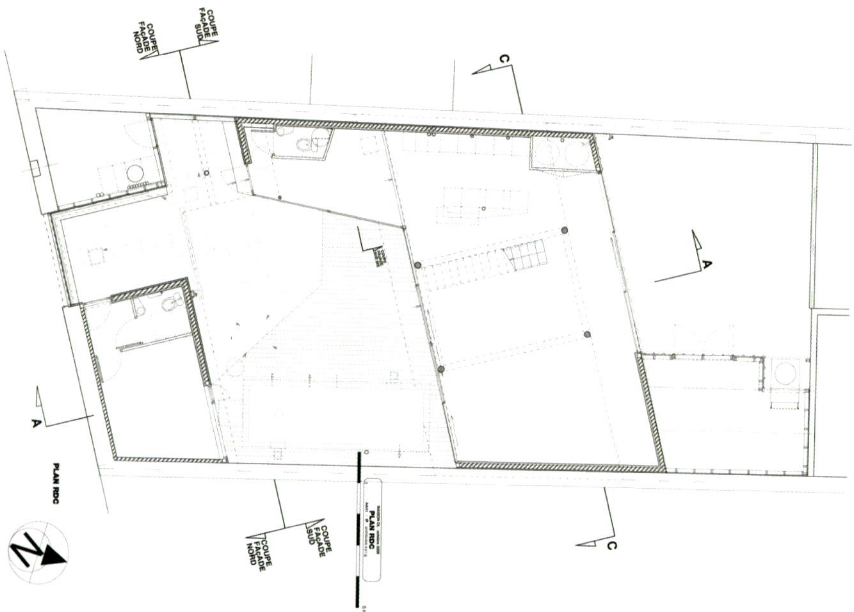

Le jardin zen au nord.

Focus technique

ISOLATION RENFORCÉE DE LA TOITURE

Une toiture mal isolée est responsable de 25 à 30 % des déperditions de chaleur. Dans le cas ici présent, les architectes ont renforcé l'isolation de la toiture notamment pour compenser la générosité des ouvertures. L'option retenue pour ce toit monopente consiste en une isolation sous toiture avec couverture en panneaux de fibre-ciment ondulés de 138 cm derrière lesquels se place une lame d'air pour assurer la ventilation. Ensuite, deux matelas d'isolant Métisse d'une épaisseur de 120 mm sont superposés et garnissent l'espace entre les pannes. Une troisième couche d'isolant (50 mm d'épaisseur) vient habiller l'ensemble comme une enveloppe sur laquelle est fixé un frein-vapeur afin d'éviter les problèmes de condensation. Le faux plafond est posé sur rail. Les architectes ont privilégié la fibre-ciment pour sa facilité de mise en œuvre, sa légèreté et une rapport qualité-prix intéressant (50 €/m^2 avec les raccords d'étanchéité et la zinguerie). La fibre-ciment n'a plus rien à voir avec le matériau qui, autrefois, contenait de l'amiante.

Ce qu'en pensent les propriétaires

« Mon épouse est plus particulièrement à l'origine de ces choix environnementaux, notamment celui de la Pac et du recours aux énergies renouvelables pour l'eau chaude sanitaire. Les architectes ont apporté des solutions en terme d'isolation, de choix des matériaux. Le bilan énergétique est satisfaisant ; l'amortissement de ces investissements n'est pas facile à évaluer. Mais j'estime toutefois qu'ils apportent une plus-value à la maison en cas de revente tout en permettant de consommer moins d'électricité. J'ai un peu de mal à m'habituer à toute la machinerie (eau chaude sanitaire et pompe à chaleur).
Sur le plan esthétique, ces baies vitrées apportent un grand confort visuel et la chaleur du soleil. C'est très agréable. D'où qu'on se place, on a l'impression de voir partout, avec une sensation d'espace et de nature. On a souhaité la présence du bois à l'intérieur mais pas à l'extérieur. Pour des raisons de coût, on a préféré l'acier galvanisé au zinc pour le bardage de l'étage. Le projet a beaucoup évolué ; il y a eu de nombreux allers-retours entre les architectes et nous : on a renoncé à la façade nord entièrement vitrée, l'escalier a été redessiné plusieurs fois, le jardin enchâssé et le studio sont venus s'ajouter au projet initial. »

Données techniques

■ Equipe de maîtrise d'œuvre
Architectes : Alexandre Favé, AA41 ; Frank Gerno et Marc Jaeger, IP
Date de livraison : mars 2009
Durée des études : 15 mois
Durée des travaux : 11 mois
Localisation : Rezé, Loire-Atlantique (44)
SHON : 201 m²
Coût au m² : 1 649,82 € TTC

■ Evaluation de la partie autoconstruite
Travaux de peinture, cuisine équipée et platelage de terrasse

■ Ventilation des coûts lot par lot (TTC)
Gros œuvre, VRD (voirie et réseaux divers) : 74 824 €
Charpente bois, isolation : 46 222 €
Bardage, couverture : 23 533 €
Menuiseries extérieures aluminium : 19 935 €
Menuiseries extérieures bois : 10 419 €
Menuiseries intérieures bois : 24 718 €
Serrurerie métallique : 8 484 €
Plafonds, doublages, cloisons sèches : 12 345 €
Electricité, ventilation mécanique : 10 390 €
Plomberie, chauffage, sanitaires : 37 231 €
Dallage béton ciré : 10 580 €
Piscine : 11 035 €
Peintures : hors mission
Total des lots : 293 629 €
Honoraires bureau d'étude thermique : 2 750 €

■ Consommation énergétique
67 kWhep/m²/an soit 452 € TTC de frais annuels (y compris abonnement) pour le chauffage et l'eau chaude sanitaire

■ Techniques et équipements
- Production d'eau chaude, chauffage et piscine

Rez-de-chaussée : chauffage par le sol
Etage : radiateurs métalliques basse température
Pompe à chaleur air-eau monobloc extérieur avec ballon tampon
Couplé avec deux panneaux chauffe-eau solaire avec ballon tampon
Production d'eau chaude sanitaire : un petit ballon complémentaire est nécessaire

- Système constructif et isolation des murs et du toit

Gros œuvre, VRD : bassin de piscine en béton armé banché, plancher béton sur vide sanitaire, portique béton banché pour reprise de charpente bois.
Charpente bois, isolation : panneaux d'ossature bois en sapin du nord, contreventés par panneaux OSB (Oriented Strand Board : à lamelles minces orientées), reprises de poutres primaires par potelets métalliques, isolation par matelas de laine textile de marque Métisse/Le Relais (murs 120 mm + 30 mm, toitures 120 mm + 120 mm + 50 mm, avec frein-vapeur)

- Menuiseries

Rez-de-chaussée : menuiseries aluminium naturel anodisé, châssis fixes et ouvrants, châssis coulissants à quatre vantaux (L 775 x H 235 cm), châssis coulissants à trois vantaux (L 600 x H 210 cm)
Etage : menuiseries bois, châssis ouvrants à la française avec allège vitrée

Le regard d'un thermicien… Comment apprécier l'isolation d'un bâtiment ?

Il existe une note qui tient compte de l'ensemble des techniques d'isolation mises en œuvre dans un projet. Cette note est le coefficient Ubât. On compare le Ubât prévu à un Ubât de référence, qui est le minimum accepté par la réglementation en fonction des caractéristiques du projet. Ici, le Ubât de référence est de 0.709.
Par la conception architecturale, les solutions adoptées pour rompre les ponts thermiques, l'orientation du bâtiment, la qualité des vitrages retenue à la phase des études ont amené un résultat d'Ubât prévu à 0.408, soit une performance de + 42.45 %.
Bien entendu, il faudra recalculer ce coefficient à la réception pour le réajuster en fonction des aléas de l'exécution. Demander le coefficient Ubât prévu est un bon moyen de contrôler la qualité thermique du bâtiment en phase de conception.

Une belle nature

Chauffage au bois

Architectes
BRUNO BELENFANT ET
LOÏC DAUBAS

Discrète, elle ne fait pas de tape à l'œil, la maison des Le Maître. De la route, on ne l'aperçoit vraiment que lorsqu'on s'apprête à serrer le frein à main. Un grand rectangle blanc et noir lové dans l'herbe verte. Pour le jeune couple récemment installé dans ce petit village de Loire-Atlantique, il n'était pas question de venir troubler le paysage : quelques bâtiments de ferme, des champs enherbés et bordés de haies de chênes. Et la lande qui, par endroits, se rappelle au bon souvenir des habitants du coin. Gael fait partie de ceux-là. Paysan bio, il élève des vaches laitières. Stéphanie, son épouse, est enseignante.

« Lorsque j'ai repris la ferme, on s'est dit qu'il serait plus simple d'habiter sur l'exploitation d'une centaine hectares, se souvient Gael. On voulait un projet d'architecte sans idées préconçues sur la forme générale de la maison. Nous savions surtout ce qu'on ne voulait pas : pas de chauffage électrique, pas de parpaings, pas d'étage, pas de cloisons entre le bureau et la pièce de vie, pas de grande surface… Une première esquisse du projet en somme ! »

Tradition revisitée

Gael et Stéphanie ont vécu dans une longère traditionnelle, qu'ils ont eux-mêmes rénovée. De cet habitat vernaculaire, ils retiennent les atouts : le confort des murs épais en pierre en été, le principe d'un volume tout en longueur et de plain-pied, une exposition bioclimatique, la distribution des pièces en enfilade…

« Bruno Belenfant, l'architecte qu'on a choisi, nous a proposé de garder ces grandes lignes et cette volumétrie classique en campagne, explique Stéphanie Le Maître. C'était une inscription intéressante dans l'environnement. »

Située sur une exploitation agricole en Loire-Atlantique, cette habitation familiale s'inspire de la longère, bâti traditionnel en Bretagne. Les maîtres d'ouvrage, producteurs de lait bio, ont opté pour une éco-construction exposée plein sud, équipée d'un chauffe-eau solaire et d'une chaudière alimentée par leur bois de coupes.

Vue au nord. Système constructif en briques Monomur, habillées d'un enduit à la chaux taloché.

La discussion sera nourrie autour de la question du chauffage… avant de choisir la chaudière à bois. Cette solution satisfait leur désir d'autonomie et permet de valoriser le bois des coupes d'entretien réalisées sur la ferme.

L'implantation bioclimatique souhaitée par les maîtres d'ouvrage sera facilitée par l'amplitude du terrain. « On est partis sur une baie vitrée de 7 m de large sur 2,40 m de hauteur (deux ouvertures à triple ventail, côte à côte) en façade sud. On s'est équipés d'un store vénitien orientable et électrique pour réguler les apports de chaleur et de luminosité », souligne Gael.

Au nord, deux ouvertures plus modestes et protégées par des volets apportent une lumière traversante et des vues sur la campagne environnante, dans la pièce centrale. Cette surface généreuse de 45 m² comprend la cuisine, le coin repas, le salon. Le coin jeux des deux enfants s'inscrit dans son prolongement et dessert les chambres. Grâce à une porte coulissante, il peut être occulté et/ou transformé en quatrième chambre. Situé à l'opposé, au pignon ouest, le bureau bénéficie de ce même système de portes escamotables dans le mur. « Stéphanie et moi, nous nous y tenons souvent. Nous ne voulions pas l'isoler du reste de la maison », note Gael.

Dans les trois chambres, de facture très simple, le parement en OSB n'est pas doublé. De dimensions modestes (entre 9 et 12 m²), elles sont situées au nord-nord-est.

La proposition du charpentier de marine

En dépit d'un parti pris pour la simplicité, les maîtres d'ouvrage ne se sont pas privés d'une petite fantaisie proposée par le charpentier : dans la pièce principale, un bardage en pin brossé couleur crème habille les rampants et dessine une voûte qui monte jusqu'à 4,40 m. « Nous avons gardé toute la hauteur sous le toit en évitant la ferme ; les lambris viennent adoucir ce grand volume », commente l'architecte. L'effet de nef est très réussi.

La brique Monomur auto-isolante de 37,5 cm et l'ossature bois (au nord du séjour) constituent le système constructif de la maison. La partie en brique est habillée d'un enduit à base de chaux, taloché. Cette façade solaire, de couleur claire, est animée par le châssis en aluminium noir des menuiseries et les volets en bois très minimalistes. Simplicité et épure des détails, toujours.

La partie bois est bardée de pin Douglas traité par oléothermie (chauffé et trempé dans un bain huile végétale). « Ce procédé naturel ralentit le vieillissement du bois et évite la teinte grise. Au bout de trois ans, il faut repasser de l'huile végétale si on veut garder la couleur initiale » (surcoût : 4 € HT/m²).

L'ouate de cellulose a été choisie comme isolant du toit et des murs (partie bois). La pose se fait par insufflation de flocons dans des caissons (épaisseur de 22 cm). « Cette fibre hygroscopique (papier journal recyclé) ne s'altère pas avec l'humidité et elle offre un bon rapport qualité/prix », défend l'architecte (entre 28 et 30 €/m², pose comprise).

Le couple a emménagé avec ses deux enfants en décembre 2007. Tous deux évoquent volontiers la qualité des espaces comme atout du projet… Ils apprécient la réduction significative de leur facture d'électricité : 50 €/mois, abonnement compris.

Au sud, la pièce de vie se prolonge par une grande terrasse en bois. Les lames en pin Douglas ont subi un traitement naturel, l'oléothermie, afin d'éviter que le bois ne grise trop vite.

A droite, l'effet de voûte très réussi par l'entreprise de charpente. Les rampants sont habillés par des lames de pin brossé.

Au sud, la grande baie vitrée est protégée par un store vénitien de dimension peu commune. Le volume central comprend la cuisine, le coin repas, le salon. Le coin jeu des deux enfants s'inscrit dans son prolongement et dessert les chambres.

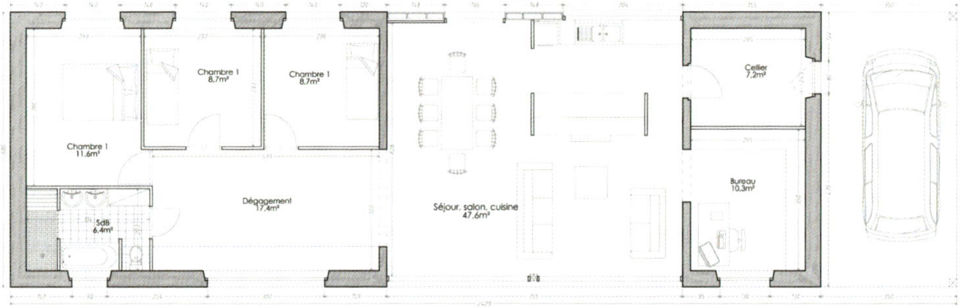

Rez-de-chaussée - 1/100

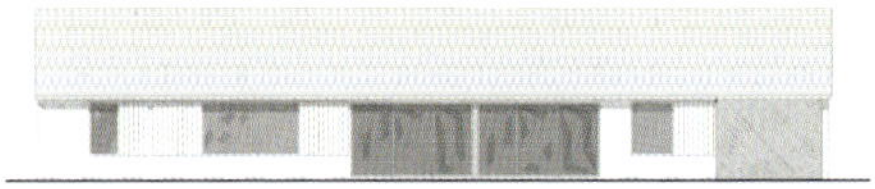

Façade sud - 1/200

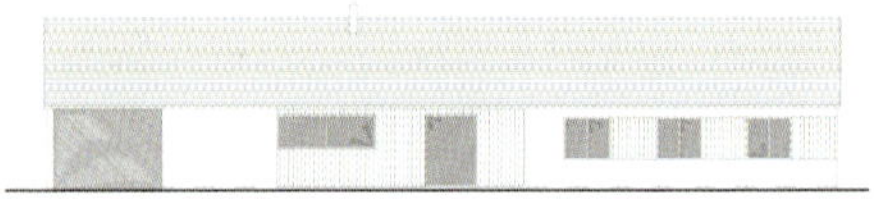

Façade nord - 1/200

Vue façade sud du projet

Le regard d'un thermicien sur… la chaudière à bois

Le choix d'un chauffage à hydro-accumulation est un choix d'avenir. Surtout lorsque l'isolation ne peut pas être parfaitement répartie, comme c'est souvent le cas en rénovation. Sur la base d'un bâtiment neuf très isolé comme celui-ci, le taux de chargement peut être réduit, au mois de novembre, à une fois par semaine. Le principe consiste à brûler le maximum de bois que peut contenir la chaudière pour stocker l'énergie dans un ballon. Ainsi, la chaudière travaille dans ses meilleurs rendements (atteints en général à une température de foyer élevé). Ce système présente l'avantage d'être régulé. En dépit des idées reçues, les bûches de résineux ont le meilleur rendement de combustion, notamment grâce à la résine. On confond souvent quantité de matière au m³ de bois et valeur énergétique ; le chêne est plus dense mais a une valeur énergétique plus faible.

Focus technique

UNE CHAUDIÈRE BOIS

La maison des Le Maître est entièrement chauffée au bois. La chaudière, volumineuse, est placée dans le local technique à l'entrée de la maison ainsi que le ballon d'eau chaude de 1 000 litres qui alimente un plancher chauffant basse température. Ce ballon d'eau chaude sert aussi à stocker de l'énergie de la combustion qui est redistribuée en dehors des périodes de combustion. La chaudière produit également l'eau chaude sanitaire. Lorsqu'elle ne fonctionne pas, en été, des panneaux solaires (4 m^2) voire l'électricité apportent l'énergie nécessaire pour chauffer l'eau sanitaire. D'une puissance de 30 kW, cette chaudière affiche un rendement de 89 %. Les propriétaires l'approvisionnent (au maximum) deux fois par jour. Un temps de chauffe de quatre heures leur permet d'obtenir une chaleur entre 20 à 21 °C dans la maison de jour comme de nuit. Le prix de l'installation sans le plancher chauffant s'élève à 14 830 €, avec un crédit d'impôt d'environ 4 500 €.

Données techniques

■ Equipe de maîtrise d'œuvre

Architectes : Bruno Belenfant et Loïc Daubas, L'Atelier

Date de livraison : janvier 2008

Durée des études : 12 mois

Durée des travaux : 10 mois

Localisation : Guémené-Penfao, Loire-Atlantique (44)

SHON : 143 m^2

Coût au m^2 : 1 278 € TTC

■ Ventilation des coûts lot par lot

Gros œuvre : 36 799 €

VRD, assainissement autonome : 12 225 €

Charpente bois : 15 572 €

Couverture ardoises : 13 542 €

Isolation en ouate de cellulose : 4 612 €

Menuiseries extérieures : 20 428 €

Menuiseries intérieures : 15 603 €

Chauffage bois et chauffe-eau solaire : 23 462 €

Electricité, VMC double flux : 8 104 €

Plomberie sanitaire : 7 063 €

Revêtements de sol souple : 6 736 €

Plâtrerie : 5 836 €

Enduits extérieurs : 7 481 €

Chape liquide, carrelage, faïences : 5 383 €

■ Consommation énergétique

Inférieure à 50 kWh/m^2 (selon l'étude thermique)

■ Techniques et équipements

• Chauffage

Chaudière bois bûches marque HS France, modèle Bonus 30 + Ballon tampon 1 000 litres + Accessoires, fournitures : 10 179 € TTC

Main-d'œuvre : 2 143 € TTC

• Système constructif et isolation des murs et du toit

Parois verticales :

Murs en brique Monomur de 37,5 cm d'épaisseur + Enduit extérieur à la chaux + Enduit plâtre intérieur : 183 € TTC/m^2

Murs ossature bois de 12 cm et isolation ouate de cellulose + Bardage extérieur en Douglas thermo-huilé + Revêtement intérieur en plaques de plâtre Fermacell : 184 € TTC/m^2

• Isolation

Isolation ouate de cellulose par déversement 22 cm sur plafond horizontal dans charpente en fermettes bois : 18,80 € TTC/m^2

Isolation sous rampant 22 cm par insufflation d'ouate de cellulose dans les caissons formés par les chevrons bois de la charpente : 27 € TTC/m^2

• Menuiseries

Menuiseries extérieures en aluminium à rupture de ponts thermiques : 13 555 € TTC

Volets bois coulissants : 4 461 € TTC

Brise-soleil orientable et relevable en aluminium à manœuvre électrique : 2 412 € TTC

Ce qu'en pensent les propriétaires

« Utiliser la filière bois pour se chauffer s'inscrivait dans la logique d'autonomie qui est la nôtre. Nous nous étions bien informés. L'architecte nous a aidés à trancher. Un ami plombier-chauffagiste nous a conseillés sur le modèle. Dans notre précédente maison, nous avions un poêle à bois norvégien. La contrainte, c'est qu'il faut l'alimenter toute la journée. Ce n'est pas le cas ici avec le principe de l'hydro-accumulation (énergie stockée dans le ballon). Le déphasage se fait lentement. En hiver, on l'allume vers 19 heures, assez facilement d'ailleurs, comme une cheminée, avec du petit bois et du papier journal. La ventilation intégrée facilite le démarrage du feu. On alimente deux fois le foyer puis on l'arrête vers 23 heures. C'est suffisant pour chauffer vingt-quatre heures avec le complément de chaleur apporté par les baies vitrées. Le bois est issu des coupes d'entretien pratiquées sur la ferme qui compte 12 km de haies. Principalement du bois de saule et de frêne. Nous consommons six stères par an sous forme de bûches de 50 cm. Avec du chêne, nous aurions un meilleur rendement. La corvée de bois ? Cela demande un peu d'efforts. Si, un jour, cela nous paraît trop dur, on changera de type de chaudière, en installant des panneaux solaires par exemple. C'est l'avantage du plancher chauffant. Côté entretien, il y a le "décendrage" à faire toutes les semaines et le ramonage tous les deux à trois ans. La combustion étant bonne, peu de suie se dépose. »

Maison passive avec serre bioclimatique

Architecte
CHRISTOPHE PALOU

A quoi rêve-t-on lorsque l'on habite durant huit ans une « passoire », mal isolée, humide et dévoreuse de fioul ? « A un habitat sain, confortable et économe », répondent en chœur Emmanuelle et Jean-Christophe.

« Nous étions locataires d'une maison des années 70 qui consommait 500 litres de fioul par mois en hiver. Vous imaginez le budget : énorme ! Le grenier ouvert aux quatre vents, des petits carreaux, peu de lumière… » De quoi se forger une conscience écologique en… béton ! « Autant dire que, pour ce projet, nous avons souhaité exactement l'inverse : une super isolation, de la lumière naturelle, un mode de chauffage utilisant les énergies renouvelables, et du bois bien sûr. »

Une rencontre

Située sur une petite commune du Morbihan, proche du bord de mer, cette maison aux proportions généreuses apporte une nouvelle respiration à cette famille recomposée. Trois enfants dont un bébé et leurs parents se partagent une surface habitable de 160 m².

« Dès le début, on a pensé économie d'énergie et énergies renouvelables. Avec des motivations à la fois écologiques et financières. Nous souhaitions une architecture ouverte et lumineuse qui privilégie les apports solaires passifs. On s'était renseignés sur les principes de la maison passive et bioclimatique, précise Emmanuelle. Il fallait trouver un architecte qui sache répondre à nos exigences dans la mesure de notre budget. »

Des amis à la fibre écolo évoquent le nom de Christophe Palou. « Son coup de crayon nous a plu. Nous avons visité trois de ses réalisations qui nous ont aussi séduits. Le courant passait bien », se souvient Emmanuelle.

Le volume général est simple, compact et ouvert : un rectangle de 18 m long par 6 m de large. La façade sud, la plus spectaculaire, est animée par une serre bioclimatique coiffée d'un toit de chaume.

En haut : Vue du pignon est. Avec sa forme arrondie, le toit en tôle allège cet ensemble un peu massif. En légère déclivité, le vaste terrain tout en longueur est en partie bordé d'un petit bois.

En bas : Au nord, les deux volumes identiques de la suite parentale et du salon découpent la façade arrière de la maison. Au milieu, une terrasse-patio profite d'une ombre fraîche en été.

Autoconstruire : une aventure

Savaient-ils alors que l'architecte en question leur ferait bientôt une proposition déroutante. « Compte tenu de la nature du projet, de leur motivation et du budget imparti, je leur ai proposé une part d'autoconstruction, explique Christophe Palou. Je sentais qu'ils pouvaient s'y investir et que ce serait une expérience intéressante pour eux. » Mais, comme il le dit volontiers, l'autoconstruction, ça ne s'improvise pas : « C'est un peu comme un tour du monde, exaltant certes, mais avec possibilité d'accidents. »

Afin d'épauler les propriétaires et de réduire les délais de construction, une équipe d'artisans spécialisés est venue les assister. « Lorsqu'on a commencé le chantier en 2008, on s'est mis à leur service. Nous étions leurs petites mains. Pour garnir l'ossature bois de copeaux de bois. Pour poser le doublage, le plancher, clouter le bardage en pin Douglas, découper les entretoises… Ils nous ont beaucoup appris, remarque Emmanuelle. Pourtant, je me considère toujours comme une bleue ! » Le chantier a duré un an.

Isolée comme un œuf

Et, au final, elle a fière allure cette maison qui revendique une lointaine parenté avec la longère bretonne. Quant à ses performances énergétiques, elles avoisinent celles de la maison passive, à savoir une consommation proche de 15 kWh/m²/an pour les besoins en chauffage.

« Un chauffage performant sans une bonne isolation, c'est un non-sens, s'exclame la jeune femme. Nous avons donc investi sur ce point. On a installé du triple vitrage (4/12/4/12/4, au total 36 mm d'épaisseur) sur les ouvertures est, ouest et nord exposées aux vents et au froid. Cela représente un surcoût de 20 à 30 % par rapport à du double vitrage et sans crédit d'impôt malheureusement ! Autour des ouvertures, en particulier dans les angles, nous avons posé des bandes adhésives afin d'assurer l'étanchéité à l'air. Les murs sont isolés avec 25 cm de copeaux de bois entre le doublage et les panneaux de fibre de bois. Le toit bénéficie d'une double isolation avec une couche de laine de bois bitumée de 15 cm puis 30 cm de copeaux de Douglas. Elle est isolée comme un œuf ! » L'architecte a envisagé un temps de faire certifier la maison Passivhaus (Maison passive).

Sources de chaleur

En matière de chauffage, les apports caloriques sont donc multiples, actifs et surtout passifs, optimisés par l'isolation renforcée. La distribution des pièces en enfilades contribue à la diffusion de la chaleur. Installée dans le salon, la cheminée à insert est équipée d'une soufflerie qui répartit les calories. « Il faut gérer le temps de chauffe. On ne manque pas de mettre une bûche avant de se coucher », souligne Emmanuelle. La ventilation double flux à haut rendement préchauffe l'air tout en assurant la ventilation de ce volume très étanche.

Exposés au sud, la serre bioclimatique et son mur en briques stockent les apports solaires passifs. Des convecteurs électriques ont toutefois été installés en appoint. « Nous avons emménagé en mars 2009 et nous avons chauffé au bois, durant dix jours seulement », note Emmanuelle. Et comme les propriétaires ont poussé la démarche très loin, une étude géobiologique du terrain et de ses failles a été réalisée afin de déterminer la meilleure implantation. Pour une recherche d'harmonie globale.

Les solives du plancher bois à l'étage ont été gardées apparentes au rez-de-chaussée comme ici dans la cuisine.

Très bien isolée, la maison bénéficie largement des apports passifs solaires captés par la serre bioclimatique. Cette véranda est séparée de la pièce principale par l'escalier hélicoïdal, en métal et bois. Un poêle à bois apporte un complément de chauffage les jours de grand froid.

Le regard d'un thermicien sur… les labels

Après un retard de vingt-cinq ans sur nos voisins européens, le Centre scientifique et technique du bâtiment (CSTB) a entrepris de définir une méthode de notation de performance énergétique du bâtiment. Cette démarche, débutée avant 2000, a abouti à la réglementation thermique (RT 2000, RT 2005) réactualisée tous les cinq ans. Les labels comme BBC-Effinergie, HPE (Haute Performance Energétique), THPE (Très Haute Performance Energétique), en rénovation ou en neuf, sont issus de cette réglementation. Pour cette raison pratique, je conseille d'opter pour des labels français qui utilisent les mêmes bases de calcul que la RT 2005 à laquelle il est déjà obligatoire de se conformer. La deuxième est plus technique : le label BBC (Bâtiment basse consommation) prend en compte six familles de consommation d'énergie dans son calcul : chauffage, eau chaude sanitaire, éclairage, ventilation, climatisation éventuelle et aérations. Le label Minergie n'en prend en compte que trois. Le label Passivhaus (Maison passive) fixe une consommation en énergie primaire à 120 kWh/m²/an (dont 15 kWhep/m²/an pour les besoins de chauffage) alors que le label français BBC a pour base 50 kWhep/m²/an.

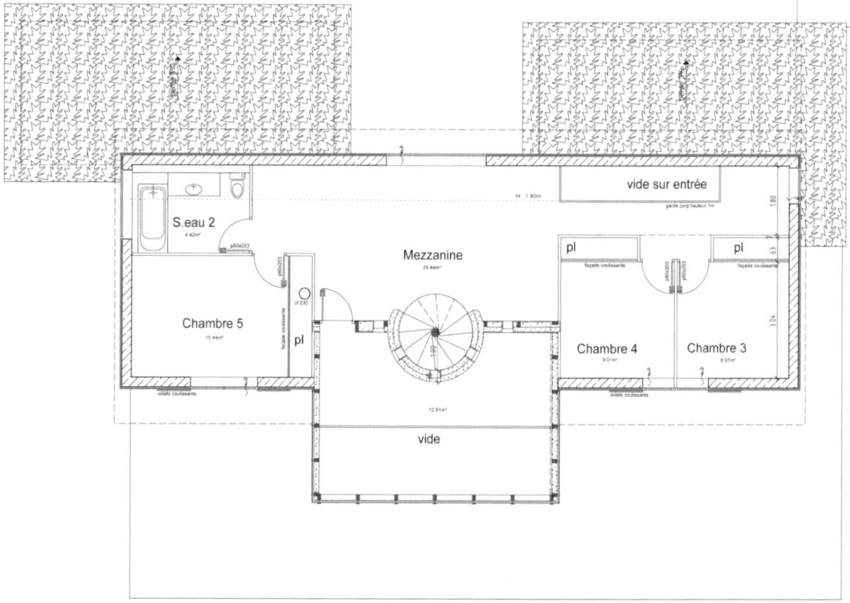

La maison comporte une surface vitrée importante. Afin de réduire les pertes de chaleur, les propriétaires ont installé du triple vitrage au nord et du double vitrage peu émissif au sud, comme ici dans la serre. Les menuiseries sont mixtes, bois et aluminium.

Focus technique

LA SERRE BIOCLIMATIQUE

C'est l'élément architectural phare de cette maison bioclimatique. Exposée au sud et largement vitrée (20 m² d'ouvertures), elle concentre et stocke les apports solaires. L'hiver, la chaleur qu'elle produit est répartie dans toute la maison grâce à la ventilation double flux. Le mur en brique accumule de la chaleur. Il joue le rôle de masse thermique : la forte inertie de la terre permet de restituer les calories très lentement. Aussi, le mur continuera à chauffer la nuit. Le choix a été fait de ne pas la vitrer entièrement. Le toit a été recouvert de chaume pour l'esthétique et la garantie d'une bonne isolation.

C'est aussi une pièce de vie où les propriétaires aiment travailler : il faut donc éviter la surchauffe en été, en ouvrant les baies et en occultant les fenêtres fixes. La végétation abondante en été joue le rôle de brise-soleil. « Nous testons encore, explique l'architecte. Est-ce qu'on garde la verrière ouverte ? Ou bien on la referme en l'isolant du reste de la maison complètement pour puiser plus de chaleur encore ? Dans ce cas, il sera difficile de s'y tenir en été. »

Ce qu'en pensent les propriétaires

« C'est la maison de notre vie. Nous nous sommes investis dans les moindres détails. Au moment de sa conception, il y a eu pas mal d'allers-retours entre nos idées et le projet de l'architecte.
Nous avons posé des demandes claires en matière d'économies d'énergie mais aussi d'architecture : l'idée du rez-de-chaussée ouvert de la cuisine au salon, de lumière traversante, de décloisonnement.
L'idée d'autoconstruction assistée nous a d'abord surpris puis elle a fait son chemin dans notre esprit. On s'est sentis capables de l'assumer. Mon mari a passé encore plus de temps que moi sur le chantier. Notre lien avec la maison en est encore renforcé. Aujourd'hui, il reste des questions en suspens : est-ce qu'on ferme la serre ou pas ? Comment aménager la mezzanine dans la verrière ?
On se donne du temps pour y répondre. Pour le volet thermique et écologique, nous sommes persuadés d'avoir fait le bon choix avec le bois comme matériau de base. »

Données techniques

■ **Equipe de maîtrise d'œuvre**
Architecte : Christophe Palou
Mission architecte : conseil
Date de livraison : avril 2009
Durée des travaux : 8 mois
Localisation : Morbihan (56)
SHON : 281 m²
Coût au m² : 900 € TTC

■ **Evaluation de la partie autoconstruite :** 100 %

■ **Consommation énergétique**
Moins de 15 kWhep/m²/an (estimé et non mesuré) pour le chauffage + Consommation d'électricité de 50 €/mois

■ **Techniques et équipements**

• Système constructif et isolation des murs et du toit
Ossature bois : bardage extérieur en Douglas sur tasseaux, laine de bois bitumée, poutres verticales en I avec âme en agepan, pare-vapeur et Fermacell, remplissage en copeaux de Douglas non traités
Couverture toiture courbe : bac acier ventilé laine de bois, solives composites Fermacell, remplissage en copeaux de Douglas non traités 35 cm
Couverture toit-terrasse : avec possibilité de végétalisation
Membrane caoutchouc sur Triply, solives composites, Fermacell, remplissage en copeaux de Douglas non traités 35 cm à faible coût issus de scieries locales

• Menuiseries
Menuiseries extérieures : triple vitrage et double vitrage selon exposition ; mixtes bois-aluminium, performantes thermiquement pour maisons passives

Compacité et inertie thermique

Architecte
JEAN-EMMANUEL JAQUARD

La mer n'est jamais bien loin à Locquirec. La campagne non plus. C'est ce qui vient volontiers à l'esprit chez Marie-Laure. Cette maison contemporaine d'une blancheur perçante regarde moutonner l'océan et mûrir les pommes du verger. Le verger, oui, parlons-en du verger ! Car ce projet n'aurait pas été ce qu'il est sans l'existence de ces quelques arbres fruitiers. « J'avais à peu près carte blanche, se souvient Jean-Emmanuel Jaquard. A une condition : laisser la vue dégagée sur les pommiers, depuis la cuisine de la mère de Marie-Laure. »

Sis sur un terrain de 500 m², dans un quartier résidentiel, ce volume assez « radical » voisine sans complexe avec une longère traditionnelle bordée d'hortensias. « La maison de ma mère », commente la propriétaire.

Une réponse bioclimatique

D'autres contraintes techniques et climatiques sont venues s'ajouter à cette exigence affective. La parcelle, de forme rectangulaire, est située à l'angle de deux rues exposées respectivement au nord et à l'ouest, face aux vents dominants. Par ailleurs, le règlement d'urbanisme impose un retrait de 5 m de la route tout en limitant la hauteur à l'égout à 5 m. Enfin, le maître d'ouvrage souhaitait une bonne performance énergétique. C'est en pensant bioclimatique que l'architecte a résolu l'équation. Non sans quelques sacrifices…

« La construction a été implantée parallèlement à la rue (nord) dans le sens de la longueur, explique-t-il. La bande de retrait réglementaire a été utilisée pour une place de parking et un puits perdu qui récupère les eaux pluviales. Cette façade côté nord comporte trois ouvertures seulement. Une

L'architecte a su tirer partie de ce petit terrain malgré de nombreuses contraintes. La parcelle est située à l'angle de deux rues, exposée face aux vents dominants, proche d'une maison et plantées d'arbres fruitiers à conserver.

Le volume simple en béton banché, très ouvert sur l'extérieur, sacrifie une vue lointaine sur la mer au bénéfice d'une exposition bioclimatique.

En bas : La maison qui profite largement des apports solaires passifs, est chauffée grâce au poêle à bois uniquement.

pour la salle de bains à l'étage, qui bénéficie ainsi de lumière naturelle. Une autre dans la chambre parentale, la seule qui donne sur l'océan. Et une troisième au rez-de-chaussée pour regarder discrètement qui arrive. »

A la sacro-sainte vue sur mer, Jean-Emmanuel Jaquard a donc préféré de larges baies au sud, pour l'intimité des espaces de vie et les apports solaires passifs. « Tournée vers le jardin, la façade sud de 13,50 m est vitrée aux deux tiers pour laisser pénétrer la lumière et la chaleur du soleil, souligne-t-il. On a investi dans du double vitrage et des menuiseries en alu de qualité, coulissantes et à rupture de ponts thermiques. »

L'autre source de lumière vient de l'ouest. La façade, entièrement ouverte au rez-de-chaussée, est coiffée par un volume saillant, le seul de l'ensemble : le balcon de la chambre à l'étage. En bordure du terrain, les talus ont été reconstitués et plantés de troènes afin d'assurer une protection efficace contre les vents dominants et de filtrer les rayons bas du couchant.

Née de la contrainte

« Cette esthétique minimaliste, "brutaliste", sort aussi de toutes ces contraintes. Y compris celles qu'impose un budget serré (100 000 € HT). L'utilisation du béton banché (moulé), brut de décoffrage, rajoute à ce style et donne une sorte de trame, décrit le maître d'œuvre. D'où ce volume tout en longueur, très compact, qui peut se résumer par la juxtaposition de trois carrés de 4,50 m.

Ce quadrillage, c'est aussi un fil conducteur pour les percements. Tout est une question d'harmonie de proportions, de vide et de plein, comme en musique. »

L'avantage de cette architecture radicale, c'est sa compacité qui limite les déperditions de chaleur. « De plus, l'inertie du caisson béton permet d'emmagasiner de la chaleur en la restituant lentement. » Le revers de la médaille, c'est qu'un matériau inertique est peu isolant. D'où la nécessité de compenser par une bonne isolation. Ici le maître d'œuvre a choisi une isolation traditionnelle (8 cm de laine de roche appliquée aux 20 cm des parois béton + Placoplâtre).

Des panneaux solaires thermiques (5 m^2) inclinés à 45 ° et posés sur le toit-terrasse couvrent 60 % des besoins en eau chaude sanitaire. Pour se chauffer, Marie-Laure et son compagnon utilisent principalement le poêle à bois. « C'est efficace car la maison comprend deux pièces fermées seulement, les deux chambres », conclut l'architecte.

Dessiné par l'architecte, l'escalier crée une séparation entre le salon et le coin repas qui bénéficie d'une double hauteur.

A l'étage, la chambre parentale s'ouvre sur un petit balcon avec vue sur mer.

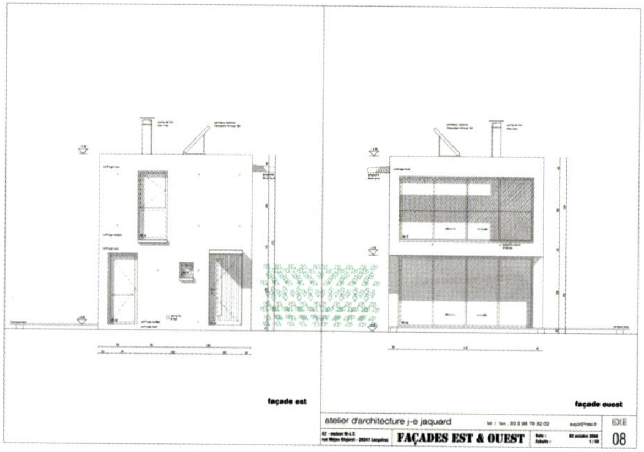

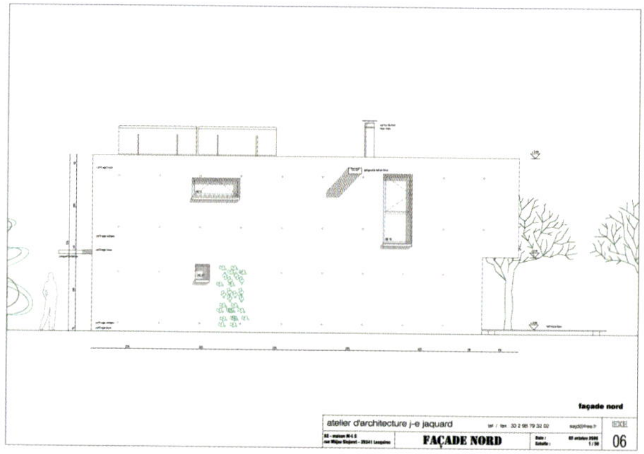

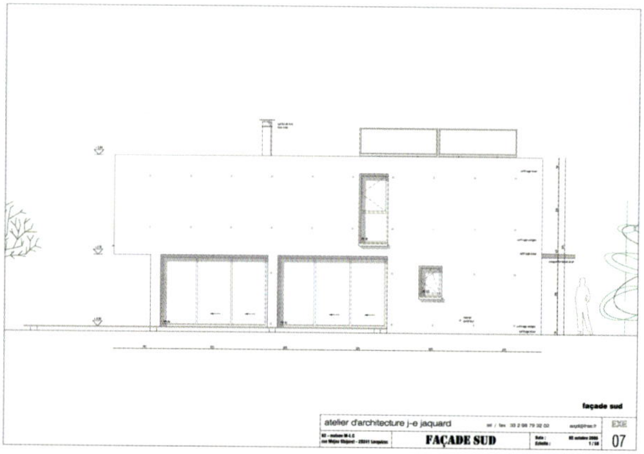

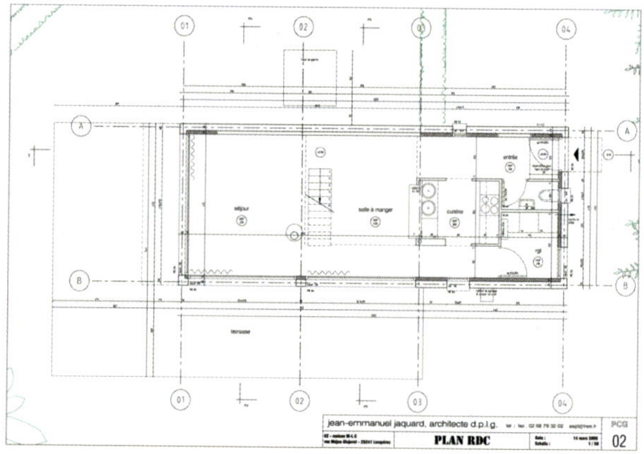

Données techniques

■ Equipe de maîtrise d'œuvre
Architecte : Jean-Emmanuel Jaquard
Date de livraison : mai 2007
Durée des études : 4 mois
Durée des travaux : 9 mois
Localisation : Locquirec, Finistère (29)
SHON : 101,80 m^2
Coût au m^2 : 1 180 € TTC

■ Evaluation de la partie autoconstruite
Parquet : 2 700 € TTC
Cuisine : 2 500 € TTC
Poêle à bois : 4 300 € TTC
Peinture : 5 200 € TTC
Terrasse : 2 500 € TTC

■ Ventilation des coûts lot par lot (TTC)
Gros œuvre : 40 110 €
Terrassement, VRD : 1 219 €
Couverture : 7 563 €
Menuiseries extérieures : 18 630 €
Menuiseries intérieures : 6 581 €
Serrurerie : 5 794 €
Cloisons, doublages : 10 047 €
Chauffage : 12 182 €
Electricité : 5 639 €
Plomberie : 3 446 €
Carrelage, faïences : 2 711 €

■ Consommation énergétique
33,90 kWh/m^2/an

■ Techniques et équipements
• Chauffage
Radiateurs électriques à bain d'huile
• Système constructif et isolation des murs et du toit
Gros œuvre béton banché, isolation verticale avec laine de roche, isolation horizontale avec polystyrène
• Menuiseries
Aluminium à rupture de ponts thermiques

Protégée des vis-à-vis, la terrasse est exposée plein sud.

Focus technique

LA COMPACITÉ POUR LIMITER LES DÉPERDITIONS

« Une architecture simple et compacte avec un étage comme celle-ci limite les déperditions de chaleur, explique l'architecte. Car les formes complexes et les décrochés augmentent les parois froides, c'est-à-dire les parois à isoler, en contact avec l'extérieur et le sol. Diminuer l'étalement permet de réduire significativement sa consommation d'énergie. Ici, les espaces servants (hall, couloirs) ont été écartés au profit des espaces servis (salon, cuisine…), ce qui favorise une meilleure diffusion de la chaleur. » Cette compacité sera d'autant plus intéressante dans le cas présent d'une maison comportant de larges ouvertures sans volets, sources de déperditions importantes.

Le regard d'un thermicien sur… le bioclimatique

Les règlements de construction mais aussi la nature du terrain, ses orientations peuvent être un frein à la construction bioclimatique.
Nous avons plusieurs pistes pour construire avec le maximum d'efficacité énergétique. Bien sûr, orienter au sud, bloquer l'impact du vent ou définir des pièces d'usage ponctuel au nord. Parce qu'il faut bien travailler tout type de configuration, des technologies simples, comme le solaire actif, permettent d'atteindre les mêmes performances qu'une maison orientée de façon optimale.
Le défaut sera toujours le prix plus élevé de l'investissement, alors que l'on vise une réponse économe. L'architecte est à même d'apprécier la volumétrie en fonction des contraintes et les solutions de compensations à envisager, comme le solaire actif.

Ce qu'en pensent les propriétaires

« En confiance, nous avons laissé à l'architecte de la liberté en formulant quelques demandes : de la lumière, un espace très ouvert, de beaux volumes pour une surface habitable modeste et un budget serré. Sa forme minimaliste plaît ou ne plaît pas. On a entendu pas mal de choses sur le sujet. Nous souhaitions un chauffage au bois. L'architecte a proposé le chauffe-eau solaire et les menuiseries performantes. Eté comme hiver, cette maison est très agréable à vivre. En été, on ouvre les portes-fenêtres et la terrasse devient la deuxième pièce de vie. En hiver, on est protégé du vent en lui tournant le dos… Les grandes ouvertures baignent de lumière et de chaleur naturelle le rez-de-chaussée. On regrette quelques ratés sur le béton ciré qui devrait être repris sous peu. »

Vue nord-est. Une volumétrie simple et compacte inspirée de l'architecture du Corbusier.

Isolation laine de bois et plancher chauffant

Architectes
MICKAËL TANGUY ET CAROLE GROULET

La maison n'est pas tout à fait terminée mais on s'y sent déjà bien… Une lumière douce, de grands volumes pour la sensation d'espace, des lieux de replis pour l'intimité, la nature tout autour comme un cocon. Même si on ne la voit pas, la mer fabrique une présence. Et puis il y a ce pignon à l'ouest, entièrement vitré ou presque. Il rapproche du ciel l'atelier mezzanine suspendu au-dessus des arbres. Contraints par le règlement d'urbanisme, Mickaël Tanguy et Carole Groulet ont su réinterpréter avec inventivité et simplicité le volume de la longère, qui leur était pour ainsi dire imposé. Les maîtres d'ouvrage, quant à eux, ont dû se résoudre à oublier le toit plat et le patio.

Pour les architectes, tout l'enjeu consistait à créer de l'« extraordinaire » avec une forme des plus basiques, le rectangle. Le travail sur le rythme des ouvertures en façade sud, l'alternance d'un bardage en Fibrociment taupe et gris anthracite, le décalage et l'imbrication des volumes contribuent à renouveler le genre.

Sur le départ

« Nous allons bientôt quitter notre appartement à Rennes pour nous installer ici, à Saint-Lunaire », annoncent les maîtres d'ouvrage tout à leur nouvelle vie. Et c'est en connaissance de cause qu'ils franchissent ce pas, de la ville vers la campagne. Car leur résidence secondaire, une charmante maison en pierres aux allures de cottage « so british », jouxte leur future habitation. « Nous avons acheté cette parcelle il y a trois ans pour agrandir l'espace que nous avions déjà, sans projet en tête, se souvient la propriétaire. Puis,

Vue nord-ouest. Proche de la mer, cette maison à ossature bois est située en campagne à Saint-Lunaire (Ille-et-Vilaine). Là encore, les architectes ont développé un volume simple et épuré mis en valeur par un beau travail sur les ouvertures. Ici le pignon ouest, très largement ouvert sur le paysage.

Vue sud-ouest. Du zinc et de l'ardoise pour le toit, du bois pour la terrasse et les volets, un bardage en fibrociment gris anthracite et taupe, animent le volume général. Les murs ont été isolés avec de la laine de bois. Les capteurs thermiques du chauffe-eau solaire sont intégrés à la partie en ardoise du toit.

en débroussaillant, un jardin a réapparu ; nous en sommes tombés amoureux. » Ils découvrent alors un bassin, des arbustes fleuris, une vieille serre… C'est le déclic.

« Nous avons décidé de faire construire une maison contemporaine sur ce terrain et de louer l'autre maison. A Cesson-Sévigné, j'avais repéré un petit collectif réalisé par Mickaël Tanguy que je trouvais vraiment bien traité. Nous l'avons contacté pour lui demander un avant-projet », poursuit-elle.

Le zinc, le bois et les couleurs sombres mais lumineuses… « Le choix des tonalités vient, je pense, de nos voyages au Danemark et en Europe du Nord qui ont influencé également nos choix environnementaux. »

Clair et foncé

Cette maison a aussi pour vocation d'être un lieu de rassemblement de la famille pendant les vacances. Ce qui explique une superficie généreuse (180 m^2 habitables). La partie quotidienne se situe au rez-de-chaussée avec la chambre du couple, une chambre d'amis, un atelier et la cuisine au sud qui se prolongent à l'extérieur par une coursive en bois.

Les pièces de services (buanderie, salle de bains, WC, local technique) sont placées au nord, comme un espace tampon. L'entrée se fait par le pignon est, abrité du vent et de la pluie par un léger décalage du bâti.

On pénètre dans la pièce principale par un hall d'entrée mis en volume par la double hauteur (6 m). A cette sensation d'espace répondent les grandes ouvertures du pignon ouest qui apportent une vue sur le vallon.

La pièce de vie bénéficie de plusieurs sources de lumière : essentiellement au sud et à l'ouest mais aussi dans une moindre mesure au nord, pour la vue lointaine sur mer. On accède à l'étage par un escalier suspendu. Une coursive distribue les trois chambres éclairées

On pénètre dans la maison par un hall d'entrée mis en volume par une double hauteur de 6 m. Les grandes ouvertures du pignon ouest prolongent la pièce principale vers l'extérieur.

A gauche : La cuisine, très simple. L'îlot central coiffé d'un plateau en bois apporte une touche chaleureuse.

A droite : Comme des portées musicales, les lignes horizontales de l'escalier et du garde-corps se répondent.

En bas : Jeux de format et menuiseries en alu noir pour les fenêtres qui cadrent le paysage.

au sud par une longue bande filante. La passerelle se termine par une plate-forme, le fameux bureau-atelier.

A l'extérieur, deux volumes, un grand clair et un petit foncé, se dégagent significativement. Le décalage horizontal de ces formes simples lutte contre l'effet hangar. Le traitement des ouvertures très allongées souligne ce jeu d'imbrications tout comme la nature différenciée des toits. Du zinc coiffe le petit volume des chambres pour un effet de toit-terrasse. Un toit double pente en ardoises couvre le grand rectangle clair et fabrique la double hauteur du salon.

Apport de chaleur actifs et passifs

La souplesse de l'ossature bois comme système constructif a permis de ne pas limiter le nombre ou la largeur des ouvertures. Notamment le percement des sept fenêtres au sud comme les larges baies au sud et à l'ouest près de la grande terrasse.

Les murs sont composés de l'intérieur vers l'extérieur par un doublage en plaques de plâtre, une lame d'air, une ossature bois (avec isolation en laine de bois de 15 cm), une lame d'air et des panneaux de Fibrociment en bardage. Les murs à ossature bois manquent d'inertie ; ces panneaux de bardage participent à une meilleure inertie. Les rampants ont été isolés par des panneaux de fibre de bois. La maison est construite sur un vide sanitaire qui met à profit la pente du terrain en créant une zone tampon.

Au sol, un plancher hourdis isolé est recouvert d'une chape de ravoirage (qui enrobe les réseaux), d'une isolation et d'une chape liquide (qui enrobe le plancher chauffant) puis recouvert d'un carrelage. Soit une épaisseur totale d'environ 35 cm.

Les maîtres d'ouvrage avaient décidé d'investir dans un chauffe-eau solaire ; les panneaux (4 m^2) ont été discrètement intégrés à la toiture en ardoises. Une cuve de récupération des eaux de pluie et un double circuit ont été prévus. Un puits perdu évacue le trop plein vers la nappe phréatique. Le plancher chauffant est alimenté par une pompe à chaleur air-eau. Des radiateurs électriques viennent en appoint à l'étage, occupé ponctuellement et plutôt l'été. Un poêle à bois apporte le plaisir de la flamme et une chaleur immédiate durant la montée en température (lente) du plancher chauffant.

Malgré les contraintes réglementaires qui imposaient une construction parallèle au bâti existant, l'orientation bioclimatique a pu être mise en œuvre. L'exposition au sud de la façade la plus ouverte génère des apports de chaleur passifs. Des volets coulissants en bois occultent cette surface vitrée importante pour éviter les déperditions, réguler la lumière et éviter la surchauffe en été. D'un point de vue esthétique, les lattes verticales en ipé amènent une note chaleureuse à la surface lisse et minérale de la façade.

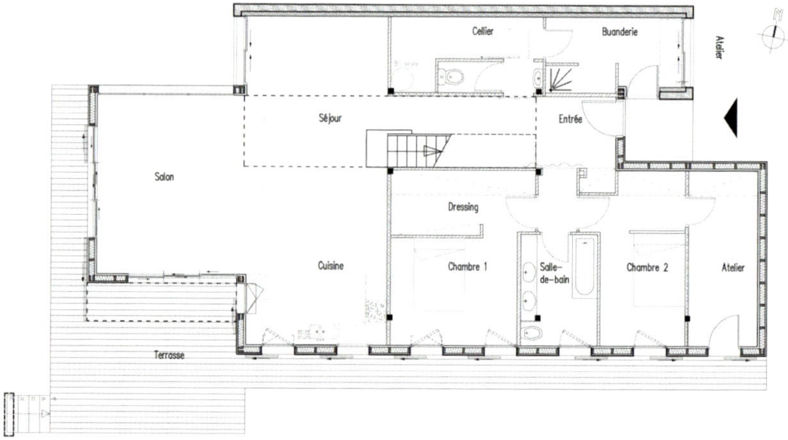

Plan du rez-de-chaussée.

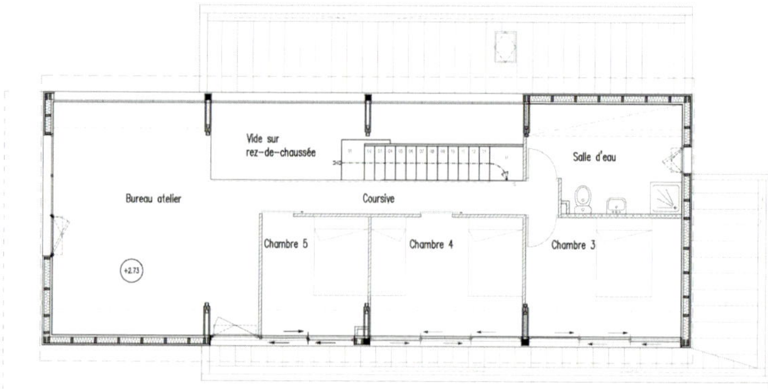

Plan de l'étage.

Focus technique

LA LAINE DE BOIS

Elaborée à partir des déchets de scierie, elle peut être présentée en rouleaux, en panneaux ou en vrac. Ses performances thermiques varient en fonction de la densité et de l'épaisseur choisies. Intrinsèquement, c'est un bon isolant. Son avantage : accumuler la chaleur qui est restituée lentement. Ce déphasage thermique amortit les variations de température entre le jour et la nuit. Il est estimé à 10-11 heures ; c'est ainsi l'un des isolants les plus performants pour la protection contre la chaleur. La laine de bois régule l'humidité en laissant s'échapper la vapeur d'eau à l'extérieur de la paroi si aucun autre élément ne fait barrière.

Le regard d'un thermicien sur… les performances du plancher chauffant hydraulique

Pourquoi le plancher chauffant à eau est l'émetteur de chaleur le plus efficace en consommation d'énergie ?

Un plancher chauffant à eau permet de couvrir les déperditions avec une eau chauffée entre 30 et 35 °C. Bien calculé et calibré, il chauffera la maison en moyenne avec une eau à 25 °C (par comparaison, la majorité des radiateurs demande une eau à 50 °C). Pour réaliser la même production de chaleur avec un radiateur, il faut multiplier sa taille par trois. Cependant, le confort d'émission ne sera jamais égalé. Moins on chauffe l'eau du circuit, moins on consomme. Les rendements des chaudières à condensation sont les meilleurs à température de chauffage inférieure à 40 °C. Pour les pompes à chaleur, les meilleurs rendements sont à température d'eau de 35 °C. Quant au chauffage solaire, c'est une contrainte technologique de fonctionnement d'avoir des émetteurs de chaleur à eau calibrée à 35 °C. Ses atouts sont l'efficacité énergétique et le confort. Toutefois, il ne faut pas oublier une régulation performante pour anticiper l'inertie du support. Un plancher chauffant, c'est 6 cm de béton qui met un certain temps à monter ou à descendre en température. D'où l'intérêt d'un bon réglage.

Ce qu'en pensent les propriétaires

« Notre ancienne maison nous plaisait mais elle n'était pas pratique, ni suffisamment lumineuse. Dans celle-ci, la lumière est partout. Tout comme la nature. L'idée de la structure bois nous a séduite même si au départ on pensait au chalet. Aux Etats-Unis, toutes les maisons sont traditionnellement construites en bois, et elles durent... Par contre, nous ne voulions en aucun cas de bardage bois. Nous ne voulions pas de traitement et nous n'aimons pas les teintes grise du bois vieilli. Le Fibro-ciment apporte une touche très contemporaine à laquelle nous tenions. Pour le chauffage et l'eau chaude sanitaire, nous souhaitions utiliser les énergies renouvelables. Les architectes, eux, ont apporté les matériaux sains, la laine et la fibre de bois. Cette maison résulte d'une réflexion commune sur nos usages et nos choix esthétiques. »

A gauche : La coursive en bois le long de la façade sud prolonge la chambre des propriétaires.
A droite : La coursive à l'étage dessert les chambres des enfants.

Données techniques

■ Equipe de maîtrise d'œuvre
Architectes : Mickaël Tanguy et Carole Groulet
Date de livraison : octobre 2009
Durée des études : 10 mois
Durée des travaux : 15 mois
Localisation : Saint-Lunaire, Ille-et-Vilaine (35)
SHON : 209 m²
Coût au m² (finitions comprises) : 1 844 € TTC

■ Ventilation des coûts lot par lot (HT)
Gros œuvre : 24 785 €
Terrassement : 11 786 €
Charpente bois et bardage Fibrociment : 65 541 €
Couverture ardoise et zinc : 19 985 €
Menuiseries extérieures : 29 659 €
Menuiseries intérieures, plâtrerie, isolation : 25 963 €
Métallerie, serrurerie : 22 291 €
Chauffage aérothermie, plancher chauffant : 14 963 €
Electricité, VMC, chauffage à l'étage : 13 564 €
Plomberie, sanitaire : 19 988 €
Chape : 4 671 €
Traitement antitermites : 1 323 €
Total : 254 149 € (avant déduction du crédit d'impôt)

■ Consommation énergétique
Non communiquée (maison en cours de livraison)

■ Techniques et équipements
• Chauffage
Pompe à chaleur air-eau : 8 960 € HT (hors crédit d'impôt) + Main-d'œuvre : 912 € HT
Plancher chauffant rez-de-chaussée : 3 960 € HT + Main-d'œuvre : 760 € HT
Radiateurs étage (panneaux rayonnants, sèches-serviettes) : 2 565 € HT
Chauffe-eau solaire individuel (panneaux solaires + ballon d'eau chaude) : 6 885 € HT (hors crédit d'impôt) + Main-d'œuvre : 690 € HT
• Gestion des eaux de pluie
Cuve de récupération des eaux pluviales : 2 845 € HT (hors crédit d'impôt), main-d'œuvre comprise
Système de traitement des eaux pluviales pour un usage intérieur (double réseau) : 4 300 € HT (hors crédit d'impôt), main-d'œuvre comprise
Puits filtrant dans un ancien bassin d'agrément pour trop-plein d'eau : 500 € HT, main-d'œuvre comprise

La maison introvertie

Double vitrage à faible émissivité et aérothermie

Architecte
BENOÎT MOREINA
DETROIT ARCHITECTES

Une parcelle de 700 m² au fond d'une impasse proche du centre de Niort. Ce rectangle de verdure bordé de murets en pierres sèches est assis sur une ancienne carrière de tuffeau. Ce genre de terrain à deux pas du centre-ville se fait rare. Stevan et sa femme sont séduits dès qu'ils le découvrent. Ce site au cachet incontestable leur inspire un projet original. Mais le dénivelé de 4 m entre la rue et le haut du terrain complexifie un peu la donne.

Benoît Moreira, de l'agence Detroit Architectes, leur propose une solution : installer un volume en contrebas, qui rattrapera le dénivelé. Ce sera le garage sur lequel reposera la maison. Les futurs propriétaires adhèrent à l'avant-projet et formulent quelques exigences liées essentiellement à la fonctionnalité.

Peu bavarde

La première rencontre se fait, frontale, côté rue. La façade nord est peu loquace : trois ouvertures, des vitres miroirs, la porte du garage, un point c'est tout. La dimension monolithique de l'ensemble prend là toute son expression. Comme dans la médina, l'essentiel est au-delà des hauts murs. Ce « filtre » un peu austère n'arrêtera pas le visiteur curieux. Dans le local technique accolé au garage, une montée de marches se propose à lui. L'escalier débouche au cœur de la maison : un patio serti de verre.

Le plan en U de la maison s'enroule autour de cette cour intérieure. L'aile gauche abrite trois chambres et une salle de bains en enfilade. L'aile droite qui referme le U est occupée par la pièce principale, salon-salle à manger-cuisine. La façade sud, très largement vitrée, s'ouvre sur la terrasse et le jardin enclos de murets.

Pour cette maison familiale située à Niort, les maîtres d'ouvrage souhaitaient un plain-pied avec le jardin, de la transparence, une séparation marquée des espaces collectifs et intimes, une bonne efficacité énergétique. Le tout avec un budget serré et une large part d'autoconstruction.

La maison en forme de U s'enroule autour du patio intérieur.

« Ce patio crée une séparation entre la partie nuit et la partie jour ; ainsi, on a pratiquement deux maisons », décrit l'architecte. Les deux volumes ne sont pas tout à fait étanches, ils sont reliés par un couloir. L'autre alternative pour circuler d'une aile à l'autre : ouvrir les baies et traverser cette cour de verre. Des séparations marquées donc, mais une grande fluidité aussi.

Un vide majeur

A la manière des cloisons japonaises, les baies coulissantes, dépourvues de seuil, contribuent à cette fluidité. Les espaces se remodèlent ainsi au gré des saisons, des moments, des besoins de ceux qui les habitent. « C'est aussi une réponse au souhait de transparence des maîtres d'ouvrage », souligne Benoît Moreira.

En été, le patio est une pièce de plus où l'on déjeune à l'ombre de grands parasols. Un jeu d'ouverture et de fermeture des vantaux crée une ventilation naturelle qui rafraîchit la maison.

Grâce à une baie coulissante d'une dizaine de mètres, la pièce principale s'ouvre presque entièrement sur la terrasse en bois, située côté jardin.

Le patio crée une séparation entre la partie nuit et la partie jour de la maison.

On circule avec fluidité d'une aile à l'autre de la maison grâce aux baies coulissantes.

L'occultation se fait avec des rideaux. En hiver, c'est un puits de lumière qui irrigue toute la maison. Un vide majeur en somme. « La générosité du projet se situe à l'intérieur, avec ces grandes ouvertures. La volumétrie sort du plan de la maison traditionnelle dans lequel on aurait fait un trou ! »

La complexité de certains espaces découle de la contrainte économique et/ou réglementaire. Pour gagner le volume de la mezzanine sans avoir la double hauteur dans tout le salon, les architectes ont joué sur une toiture en biais. Légèrement surdimensionné (120 cm), le couloir qui dessert les chambres devient pièce habitable dédiée aux jeux des enfants. Le double toit répond aux règles d'urbanisme de ce secteur classé.

Un projet familial

« Nous avons véritablement accouché de notre maison », s'amuse Stevan, qui a pris en charge une bonne partie du projet, de la consultation des entreprises jusqu'au suivi du chantier. Conducteur de travaux de profession, il a aussi réalisé avec l'aide de son beau-père, maçon, le gros œuvre ainsi que l'intégralité du bardage et de la couverture.

A l'ossature bois, il préfère une maçonnerie en parpaing isolée de façon classique, par l'intérieur avec 15 cm de laine de roche. L'opportunité de récupérer des plaques d'isolant (panneaux sandwichs) l'incite à ajouter une couche supplémentaire sur la façade. « Nous avons des chevrons de 8 cm, très épais, pour supporter le bardage assez lourd. Nous avons garni les espaces entre les chevrons plutôt que de laisser le vide. Il ne s'agit pas toutefois d'une seconde peau », poursuit-il. Cette isolation renforcée est néanmoins un atout thermique pour compenser l'importance des surfaces vitrées du projet. « Nous avons 70 m² de vitrages. L'un des postes principaux du budget est sans nul doute celui des menuiseries, que nous avons choisies de grande qualité (20 000 €). »

L'autre investissement lourd, c'est le système de chauffage (14 000 €) : une pompe à chaleur (Pac) de type air-eau couplée à un plancher chauffant. « L'aérothermie, c'était déjà dans l'air du temps il y a deux ans, note le propriétaire. Nous avons été tentés pour des raisons environnementales mais aussi financières. Produire de la chaleur avec peu d'électricité, c'est intéressant. Le crédit d'impôt est aussi incitatif. » Un appoint électrique prend le relais progressivement lorsque la température extérieure avoisine -3 °C/- 4 °C car le rendement de la Pac diminue. L'eau chaude sanitaire est produite par des panneaux solaires thermiques.

Par choix, l'architecte a évité la multiplication des matériaux. L'ondulé Fibrociment de couleur gris anthracite se décline du bardage à la couverture. Détourné de son usage habituel, ce matériau personnalise ce projet, qui s'approprie les codes de l'esthétique industrielle. Déstructuré, fracturé, le hangar recompose, au contact de matériaux et d'espaces « luxueux », une forme hybride.

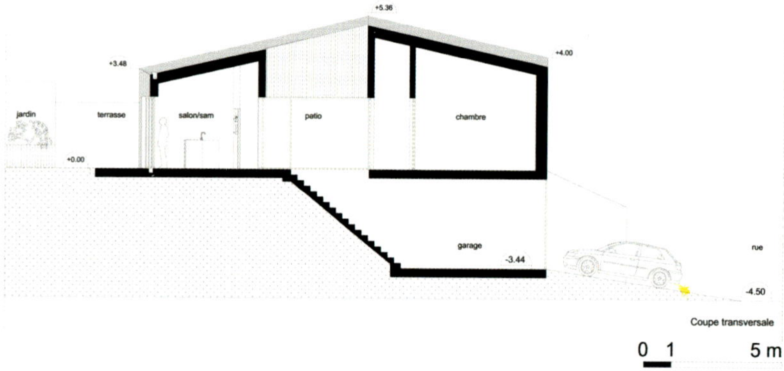

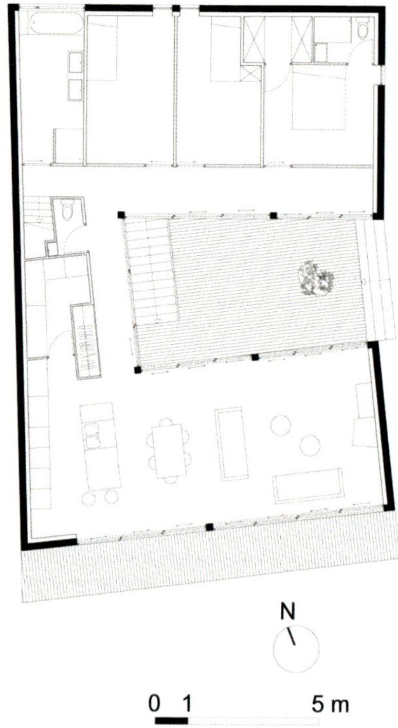

Le regard d'un thermicien sur… le chauffage d'appoint électrique

Le choix d'une pompe à chaleur couplée à un plancher chauffant évite le recours à l'« effet joule », c'est donc un plus par rapport au chauffage électrique. Pour obtenir un effet thermique, la quantité de courant électrique est multipliée par elle-même : 10 ampères (A) de besoin électrique équivaut à une consommation de 10 A x 10 A = 100 A consommés. C'est l'« effet joule ». Si nous continuons à utiliser le courant électrique pour produire de la chaleur, les moyens de production seront insuffisants pour couvrir les demandes, notamment en pic de grand froid. C'est à ce moment-là que nous faisons appel aux chauffages d'appoint. Des centrales nucléaires ou thermiques, au charbon ou au fioul, doivent fournir ces quantités supplémentaires d'électricité. L'impact environnemental est très mauvais. Lorsqu'il faut compléter le chauffage à l'étage ou dans les chambres, il faut penser au radiateur à eau, calibré en basse température et couplé au chauffage principal.

Focus technique

LE DOUBLE VITRAGE À FAIBLE ÉMISSIVITÉ

Les maîtres d'ouvrage ont opté pour un double vitrage à faible émissivité. Il diminue les pertes de chaleur de 40 % par rapport à un simple vitrage, évite les condensations et l'effet paroi froide[1]. Il referme une fine couche transparente qui s'oppose au rayonnement infrarouge et retient à l'intérieur la chaleur (essentiellement celle émanant des appareils de chauffage). Sa capacité d'isolation est renforcée de 20 à 30 % par rapport au double vitrage standard pour un surcoût de 15 % environ (ici, 280 €/m^2, menuiseries comprises).
Ces vitrages assurent un confort d'été en empêchant une partie de l'énergie solaire de pénétrer à l'intérieur tout en préservant l'éclairement naturel. On mesure cela par le facteur solaire. Un facteur solaire = 0,40 signifie que les vitrages ne laissent passer que 40 % de l'énergie du soleil.
Les doubles vitrages sont en général référencés par trois chiffres qui correspondent aux épaisseurs en mm des composants. En l'occurrence : 4/16/4, soit deux vitrages de 4 mm séparés par une lame d'air (ou de gaz argon) de 16 mm. En façade sud, le double vitrage de type 442/16/4 possède les mêmes qualités et il est traité pour se briser moins facilement, il est dit « retardateur d'effraction ». La performance thermique d'un vitrage est mesurée par le coefficient Ug de transmission thermique ; plus il est faible, meilleur c'est. Dans le cas présent, le Ug = 1,37.

1. Thierry Salomon et Stéphane Bedel, *La Maison des [néga] watts*, Terre vivante, 2006, p. 37.

Ce qu'en pensent les propriétaires

« Cette maison nous correspond bien, s'exclame Stevan. Nous avons un mode vie assez traditionnel mais nous n'aimons pas les maisons traditionnelles. C'est pourquoi nous avons demandé à Benoît, que je connais depuis longtemps, un projet original. Nous avons été surpris par les premières esquisses mais la modélisation en trois dimensions nous a conquis. On a aimé l'idée de pouvoir tout ouvrir dans le patio, de traverser la maison de part en part, de vivre dehors dès qu'il fait beau. Avec ces jeux de transparence, je peux être dans le salon et garder un œil sur mon fils qui joue à l'autre bout de la maison. Elle est très bien adaptée à nos besoins. Son premier abord un peu austère côté rue et une intimité préservée côté jardin, ça nous ressemble ! J'ai donné beaucoup de moi-même pour ce projet. Mon beau-père et moi l'avons construite. Parfois j'ai eu des nuits difficiles, des moments de découragement. Le bardage n'a pas été une mince affaire, il fallait trouver les bons profils, découper, emboîter. Ce matériau détourné n'étant pas conçu pour la maison individuelle, ça n'a pas été simple à poser. »

L'arrière de la maison entièrement bardée de Fibro-ciment noir. La façade côté rue cultive le mystère.

Données techniques

■ Equipe de maîtrise d'œuvre
Architecte : Benoît Moreira, Detroit Architectes
Date de livraison : 2007
Durée des études : 10 mois
Durée des travaux : 8 mois
Localisation : Niort, Deux-Sèvres (79)
SHON : 137 m²
Coût au m² : 1 100 € TTC

■ Evaluation de la partie autoconstruite
Gros œuvre, bardage et couverture : entre 20 000 et 25 000 €

■ Ventilation des coûts lot par lot
Gros œuvre : 37 000 €
VRD : 14 000 €
Charpente : 4 000 €
Bardage couverture : 7 000 €
Menuiseries extérieures : 24 000 €
Menuiseries intérieures, cuisine : 5 000 €
Serrurerie (GC), portes automatiques : 3 500 €
Cloisonnement, doublage : 13 500 €
Chauffage, ventilation : 23 000 €
Electricité : 6 500 €
Plomberie : 4 500 €
Revêtement de sol : 8 000 €
Peinture, faïences : 4 500 €
Terrasse, panneaux bois : 5 500 €

■ Consommation énergétique
1 100 € d'électricité (hors abonnement) de septembre 2008 à septembre 2009

■ Consommation d'eau : 420 € (114 m³)

■ Techniques et équipements

• Chauffage
Plancher chauffant : 5 000 € dont 800 € de main-d'œuvre ; pompe à chaleur air-eau réversible de 11 kW : 10 000 € dont 1 500 € de main-d'œuvre
Panneaux solaires pour eau chaude sanitaire : 5 300 € dont 800 € de main-d'œuvre

• Système constructif et isolation des murs et du toit
Maçonnerie sur soubassement béton, isolation intérieure par système Optima + Laine de verre 100 mm panneaux GR + Complément extérieur posé derrière le bardage (Stirodur isolant + feuille d'aluminium, épaisseur 50 mm)
Charpente bois avec isolation intérieure, laine de verre de 240 mm, bandes de 120 mm croisées
Matériaux utilisés
Bardage et couverture en plaques ondulées Fibrociment : 8 000 € de fourniture (pose en propre)
Plancher béton, avec isolant et plancher chauffant, recouvert d'une chape en béton lissé, teinté gris français, dans la masse : 7 500 €
Structure béton armée, avec mur parpaings, poutres et poteaux BA, la moitié de la maison sur plancher poutrelles, hourdis KP1 (partie nuit, au-dessus du garage)
Terrasse : lames de terrasse et panneaux de bois de clôture, en sapin du nord, autoclave cl 4.

• Menuiseries
Menuiseries aluminium à rupture de ponts thermiques, vitrages faible émissivité, traitement ParSol (filtrage des UV) pour les faces exposées sud (fournis, posé) : 17 500 €
4/16/4 Top N
4/16/442 Energie sur les façades sud
Vitrage, y compris menuiseries aluminium : 20 000 €

Hyper solaire

Architecte
JOËL ROUYER

Elle s'ouvre comme une boîte tournée vers le soleil. Situé près d'Arradon dans le Morbihan, ce bâtiment en bois, aux lignes très dynamiques, est un laboratoire de formes. Tant par son histoire que par sa nature. À deux pas du centre de Vannes, l'architecte Joël Rouyer s'est fabriqué une maison-bureau sur mesure. L'imposante structure en bois repose sur un coin de campagne charmant et arboré, comme il en existe beaucoup en Bretagne. La curiosité ? La parcelle se situe en bordure d'une zone d'activité. Drôle d'endroit pour bâtir un tel projet diront certains. L'intéressé, lui, n'en voit que les bons côtés.

Plus de déplacements domicile-agence, un cadre agréable, de l'espace sans vis-à-vis et le calme ; et il est vrai qu'on oublie la nature du lieu, une fois entré dans la maison. Rien ne fait obstacle à la vue : un petit vallon de 3 000 m², bordé de haies bocagères, et un horizon de verts prés…

HQE en tout point

Lorsqu'il se lance, en 2000, dans une étude qui va durer quatre ans, le cahier des charges du projet implique le respect des quatorze cibles de la démarche haute qualité environnementale (HQE) à un niveau performant.

« Au moment de sa conception, la HQE était encore une référence assez peu répandue et surtout moins galvaudée. Aujourd'hui, on dit qu'un bâtiment est HQE en bricolant deux ou trois cibles ! » regrette Joël Rouyer.

A l'époque, en France, on est loin de la basse consommation ou de la maison passive. « La plupart des matériaux ont été achetés en Allemagne, ce qui n'est pas très bon pour le bilan carbone, je l'admets. Mais je ne trouvais pas l'équivalent en France », se souvient-il.

Ce projet de maison-bureau utilise toutes les potentialités de l'énergie solaire. Les apports passifs sont optimisés grâce à son exposition plein sud et ses larges façades vitrées. Les panneaux photovoltaïques orientables produisent de l'électricité. Les capteurs thermiques chauffent l'eau chaude sanitaire et la piscine.

Vue nord-ouest. La maison, côté bureau : Joël Rouyer y travaille avec ses collaborateurs. Les ouvertures, les volumes, la ventilation naturelle, tout est pensé pour le confort de travail et les économies d'énergie.

En bas : Construit sur vide sanitaire, l'ensemble repose sur des pilotis afin d'écarter les effets du radon, gaz nocif très présent dans le sous-sol granitique de la Bretagne. Toute la machinerie de la maison est ainsi rendue accessible par la surélévation.

Un système original

Le maître d'œuvre a adopté un système constructif à sec, original et mixte pour cette surface utile de 330 m² répartie entre le bureau (180 m²) et le logement (150 m²). « L'ossature bois est présente partout sauf pour l'étage de la partie habitation pour lequel j'ai utilisé, compte tenu de son porte-à-faux, une structure mixte bois-acier », décrit-il.

« Pour le rez-de-chaussée, la structure bois est garnie de briques Monomur, poursuit l'architecte. Une isolation par l'extérieur (10 cm) vient en complément car la brique de 25 cm auto-isolante ne suffit pas. De plus, les poteaux de l'ossature sont source de ponts thermiques. Cette enveloppe évite donc le contact de la structure avec l'extérieur. »

La Monomur apporte de l'inertie à l'ensemble et régule l'hygrométrie. La chaleur du soleil qui pénètre par les baies au sud est stockée dans la brique qui la diffuse lentement. « La température varie peu, entre 22 et 25 °C », assure Joël Rouyer.

Avant la vêture, une lame d'air assure la ventilation de la paroi froide. « Le bardage est constitué de pin Douglas trois plis pour une bonne tenue aux intempéries. Les façades complètes (des éléments de 12 à 15 m de large) ont été préfabriquées en usine et assemblées sur le site. »

La partie bureau est constituée d'un système classique : ossature bois + isolant (15 cm) + pare-pluie + bardage.

La surface utile de 150 m² est organisée en petits espaces confortables. La piscine est un élément de décoration incontournable. On l'aperçoit depuis toutes les pièces. L'architecte a joué avec les angles de vue et l'imbrication de formes géométriques.

Le plancher haut sous le vide sanitaire est isolé en sous-face (20 cm) et recouvert d'une dalle surfacée de 10 cm dans laquelle sont incorporés les serpentins du plancher chauffant. Le système d'isolation de la toiture est le même pour le monopente comme pour le toit plat : sur le plafond suspendu, deux couches d'isolant (20 cm et 8 cm) entre une plaque d'OSB.

Projet solaire

L'identité de projet réside aussi dans la surface de panneaux solaires, thermiques et photovoltaïques qu'il affiche comme un manifeste pour les énergies renouvelables. D'un bout à l'autre, la façade sud, côté bureau, porte 15 m² de panneaux photovoltaïques en bandeau, fixés sur un axe pivotant. Cette astuce permet de les orienter pour potentialiser le rayonnement solaire. Le chauffage et l'eau chaude sanitaire (ECS) sont produits par les panneaux solaires thermiques (20 m). Une chaudière à condensation prend le relais en période de manque d'ensoleillement. Une VMC double flux apporte un air préchauffé en récupérant les calories à 90 %. En été, l'apport solaire chauffe l'eau de la piscine. Une cuve enterrée récupère les eaux de pluie (9 m³) et la distribue dans les sanitaires.

« Avec l'électricité produite et rachetée par EDF, le bilan de dépense-production en électricité est neutre », note l'architecte.

Dans le bureau, Joël Rouyer a mis au point un système de ventilation naturelle astucieux qui apporte un éclairage intéressant été comme hiver : « C'est un puits de 10 m² positionné à 1,80 m au-dessus du toit. Il est orienté pour que le soleil du sud et de l'est pénètre dans les bureaux situés au nord. Il s'ouvre et se ferme grâce à des volets électriques. En été, il crée une circulation d'air naturelle qui nous permet de gagner 5 °C en fraîcheur en dix minutes. »

Parce que les économies d'électricité se traquent partout, Joël Rouyer utilise des ampoules performantes et la domotique (variateur d'intensité, allumage passif, programmateurs…).

Plein sud

A la recherche d'une architecture dynamique et hors des modes, l'architecte signe une maison aux lignes pures et aux angles aigus. Il joue sur l'imbrication de formes géométriques simples comme le rectangle (ouverture en bandeau, façade en rideau du rez-de-chaussée) ou le trapèze (terrasse, façade est, piscine). La forme en L du bâti abrite la terrasse-patio qui se prolonge par la piscine.

Le moindre détail obéit aux principes de l'architecture bioclimatique. Afin de se protéger des vents d'ouest, les façades exposées débordent en sud pour protéger les ouvertures de ces vents, et le vitrage est traité pour limiter le rayonnement solaire en été.

Orienté sud, sud-est, le bâtiment s'ouvre comme une boîte vers le soleil. Le toit légèrement incliné s'oppose à la pente du terrain. Les baies vitrées sud récupèrent lumière et chaleur en hiver. Une casquette stoppe le soleil en été et le réduit durant l'intersaison. La surface habitable est découpée en espaces intimes offrant des vues harmonieuses vers l'extérieur. L'étage est l'espace réservé des enfants du couple qui ne vivent pas toute l'année dans la maison.

La même recherche d'harmonie se retrouve dans la partie du bureau, ce qui profite à l'ambiance de travail.

La terrasse est réalisée avec des lattes de bois exotiques légèrement espacées pour laisser passer, l'été, l'air frais venant du vide sanitaire.

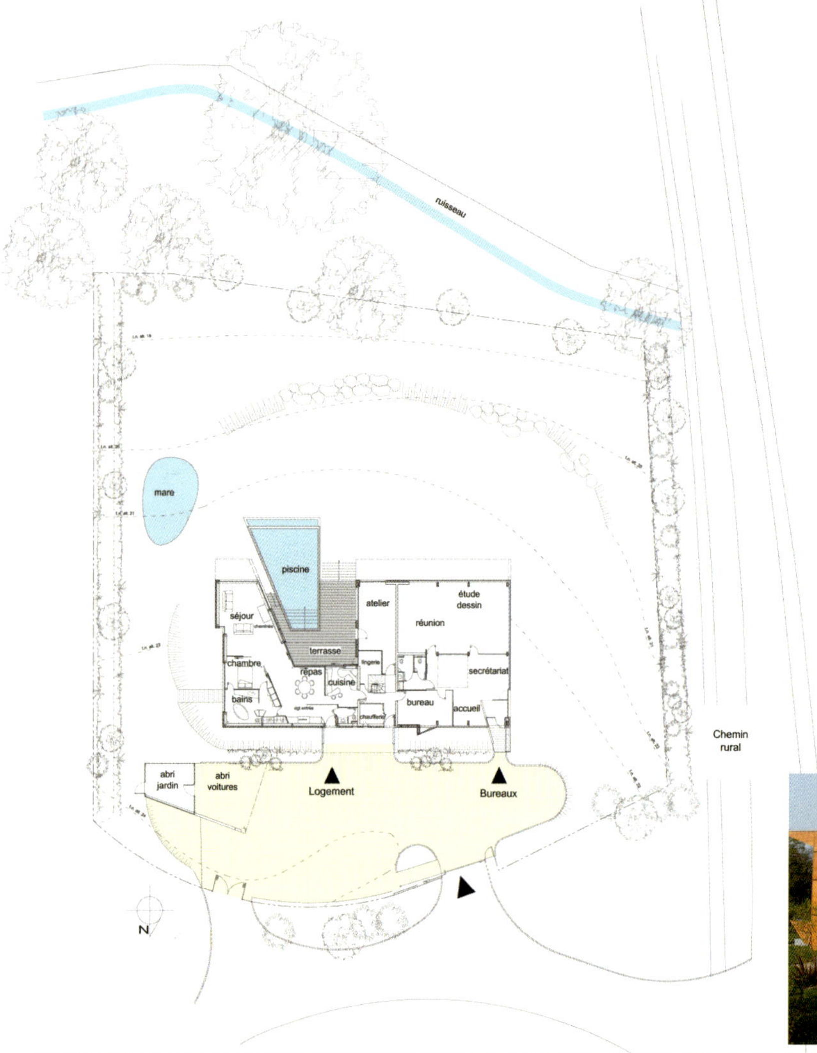

Ce qu'en pensent les propriétaires

« Si c'était à refaire, j'opterais plutôt pour des menuiseries mixtes en bois et alu. Je reviendrais aussi sur la partie en bois du bureau car je m'interroge sur la tenue dans le temps des maisons tout bois en Bretagne (climat à forte hygrométrie). L'autre point que je reconsidère, c'est le photovoltaïque : la surface (15 m²) est trop réduite pour être rentable ; il aurait fallu le double. Et l'engagement financier pour avoir une telle surface est trop important (15 000 € environ). De plus, il a fallu un an et demi pour obtenir l'autorisation de raccordement au réseau EDF. Toutefois le tarif de rachat dont nous bénéficions (0,51 € par kW) est intéressant pour une production de 1 700 kW/an. Enfin, je pense qu'il faut également être vigilant quant à la qualité de l'onduleur (appareil qui transforme le courant alternatif produit en courant continu). Si je devais investir à nouveau, je m'orienterais plutôt vers une petite éolienne. »

Le bardage en pin Douglas accentue la dynamique des lignes et l'horizontalité de la construction.

Le regard du thermicien sur… l'énergie solaire

Le solaire est la base d'une construction économe en énergie. Il est utilisable sous plusieurs formes. Du moins coûteux au plus coûteux :

- ***Le solaire passif.*** *On capte l'énergie par les vitrages placés au sud. On oriente à l'est pour rechercher de la lumière. Une orientation à l'ouest est source de surchauffe.*
- ***Le solaire thermique.*** *C'est par des capteurs à eau placé en général au sud. Des configurations est-ouest sont aussi très efficaces. C'est une bonne solution pour l'eau chaude sanitaire mais aussi intéressante pour le chauffage.*
- ***Le solaire photovoltaïque.*** *Le dernier dossier à étudier lorsque les autres démarches sont abouties. C'est un beau moyen de compenser ces consommations d'électricité (hors chauffage et eau chaude sanitaire). Il ne faut pas le voir comme un produit financier, mais bien un moyen de produire des kWh électriques.*

Focus technique

LE PHOTOVOLTAÏQUE

Vaste sujet… Les modules les plus répandus sont constitués de silicium cristallin avec une durée de vie estimée à une trentaine d'années.

La production annuelle de l'installation dépend de l'ensoleillement mais également de l'orientation des panneaux, de leur inclinaison, des masques solaires, de leur surface et des performances techniques du matériel (modules et onduleur).

10 m² de capteurs intégrés au bâti produisent en moyenne 1 000 kWh par an d'électricité pour un coût d'environ 8 000 € TTC. Avec possibilité de crédit d'impôt et droit à des subventions selon les régions. Pour un bâtiment neuf, il est obligatoire d'intégrer les modules à la construction pour bénéficier du meilleur tarif d'achat par EDF. Deux compteurs seront installés : l'un mesure ce qui est fourni au réseau ; l'autre, ce qui est consommé. Un module photovoltaïque met quatre à dix ans pour produire en retour l'énergie utilisée pour le fabriquer[1].

1. Source : Ademe.fr, guide pratique.

Données techniques

■ Equipe de maîtrise d'œuvre

Architecte : Joël Rouyer
Date de livraison : juin 2006
Durée des études : 45 mois
Durée des travaux : 15 mois
Localisation : Parc tertiaire de Doaren Molac, Morbihan (56)
SHON totale : 384 m², dont 206 de bureaux et 178 de logement
Coût au m² (base SHON, hors paysagé) : 1 796 € TTC

■ Consommation énergétique

85 kWh/m² (chauffage seul : 59,90 kWh/m²)
Production photovoltaïque : 80,70 kWh/m²

■ Ventilation des coûts lot par lot (TTC)

Terrassement, gros œuvre, charpente, couverture : 325 000 €
Menuiseries extérieures et intérieures, cloisonnement : 133 000 €
Chauffage solaire, électricité, plomberie, récupération des eaux de pluie : 108 000 €
Revêtements de sols, peinture, finitions : 45 000 €
Frais d'études techniques : 79 000 €
Total : 690 000 €

■ Techniques et équipements

• Chauffage

Production principale : 21 m² de panneaux solaires
Production complémentaire : chaudière gaz à condensation, puissance 15 kW
Logement et zone nord (bureaux) : plancher, eau chaude basse température ; zone sud (bureaux) : radiateurs

• Ventilation

Centrale double flux avec récupération de chaleur à 90 %

• Eau chaude sanitaire

Panneaux solaires
Nota : l'été, les calories dégagées passe par l'échangeur piscine en totalité.

• Plomberie

Cuve de récupération des eaux de pluie après filtration et décantation pour 10 m³, les WC et l'arrosage du jardin, ainsi que pour complément de piscine.
Coût des installations : 79 000 € TTC

Son design très élancé fait référence aux « Case Study Houses », ces célèbres maisons californiennes des années 60, intégrant à une architecture de grande qualité, matériaux et process industriels de l'époque.

Géothermie et architecture bioclimatique

Architecte
DANIEL ALASSEUR

Construire sa maison sur le terrain de jeux de son enfance… Pas banal comme affaire ! Avant que sa mère ne lui en reparle, Christine avait complètement oublié ce petit bois de chênes où elle s'amusait pendant les vacances, chez ses grands-parents de Vertou (Loire-Atlantique).

« Nous voulions déménager tout en restant à la campagne. Notre ancienne maison était devenue trop petite depuis l'arrivée des enfants. Nous cherchions un terrain autour de Nantes, où nous travaillons tous les deux. C'était très cher, compte tenu de notre budget (200 000 €). Avec nos exigences, ça ne passait pas. Au final, il fallait rogner sur le volet écolo et laisser tomber l'idée de faire appel à un architecte. »

Le jeune couple n'est pas loin de renoncer lorsque la mère de Christine leur offre cette parcelle boisée de 1 000 m².

« On a eu cette chance de pouvoir aller au bout de notre démarche », s'exclame la jeune femme.

Garder le cap

« Nous avons pas mal potassé de livres et de revues avant de nous lancer, note Philippe. On avait des idées précises. Nous avons rencontré plusieurs architectes avant de trouver quelqu'un d'expérimenté dans l'habitat écologique et économe. Pas si facile… Beaucoup laissaient tomber en route nos exigences environnementales. On sentait qu'ils ne savaient pas faire. »

Après discussions, les maîtres d'ouvrage et Daniel Alasseur, l'architecte, optent pour un système constructif mixte avec ossature bois et brique Monomur.

Une maison familiale en Loire-Atlantique près de Nantes. Les propriétaires avaient en tête un projet très précis : une construction écologique respectueuse du site, utilisant le bois et des matériaux sains, une architecture bioclimatique et une pompe à chaleur par géothermie pour le chauffage.

L'arrière de la maison au sud. Le préau fait le lien avec le garage-appentis construit par le propriétaire. La façade en brique Monomur emmagasine la chaleur du soleil.

Ce petit volume habillé de zinc et de bois, sorte de bow-window contemporain, s'avance vers le jardin.

Le chauffage se fera par géothermie verticale avec plancher chauffant, y compris à l'étage. Un chauffe-eau solaire couvrira 60 à 70 % des besoins annuels en eau chaude sanitaire pour cette famille de quatre personnes (ballon de 300 litres).

Le programme simple comprend quatre chambres, un salon, un bureau, une cuisine prolongée par une salle à manger.

Effet de masse

« Aux principes anciens de l'architecture bioclimatique, on intègre ici des matériaux et des formes actuels, explique l'architecte. C'est une maison d'ombres et de lumières. Dans cette région Sud-Loire, on a un besoin d'équilibre entre le confort d'été et d'hiver. » D'où le choix des orientations – cuisine et salon-salle à manger au nord-nord-est ; chambres, salon de jeux, bureau au sud – et le jeu sur les techniques mixtes : inertie de la brique Monomur au sud, ossature bois plus légère et isolante en façades ouest, nord et nord-est.

« Le double escalier central renforce l'inertie de la maison tout comme les dalles en béton et les briques plâtrières en parements des murs maçonnés, déclare le maître d'œuvre. On utilise le plancher haut (le plancher maçonné à l'étage) pour restituer la chaleur apportée par le soleil et la géothermie ; non isolé, il diffuse aussi bien en haut qu'en bas. »

Autour de l'escalier

Murs obliques, variations angulaires, volumes décalés : à quoi donc joue cette architecture ? « Ces obliques permettent de diffuser au mieux la chaleur et répartissent la lumière, répond Daniel Alasseur. On améliore la convection, la masse d'air circule mieux, la chaleur est plus homogène. »

Omniprésent, l'escalier central organise aussi la circulation du rez-de-chaussée. Les enfants tournent autour, les pièces de vie aussi. « Le projet est conçu pour que la vie des (jeunes) enfants n'entre pas en conflit avec celle des parents », souligne l'architecte. Les chambres sont donc à l'étage, les pièces de vie et la chambre d'amis au rez-de-chaussée. Du salon, on peut facilement garder un œil sur les enfants qui s'amusent dans le jardin, leur nouveau terrain de jeux.

En haut, à gauche : Le bow-window vu de l'intérieur : un petit cocon douillet en guise de coin salon. A côté, la porte d'entrée vitrée donne sur la terrasse en bois légèrement surélevée.

En haut, à droite : L'escalier massif organise la circulation du rez-de-chaussée.

Plutôt qu'une vaste pièce décloisonnée, les maîtres d'ouvrage ont privilégié des espaces plus délimités communiquant facilement entre eux. Ici la cuisine (à droite) et le bureau (à gauche) s'ouvrent sur le salon-salle à manger.

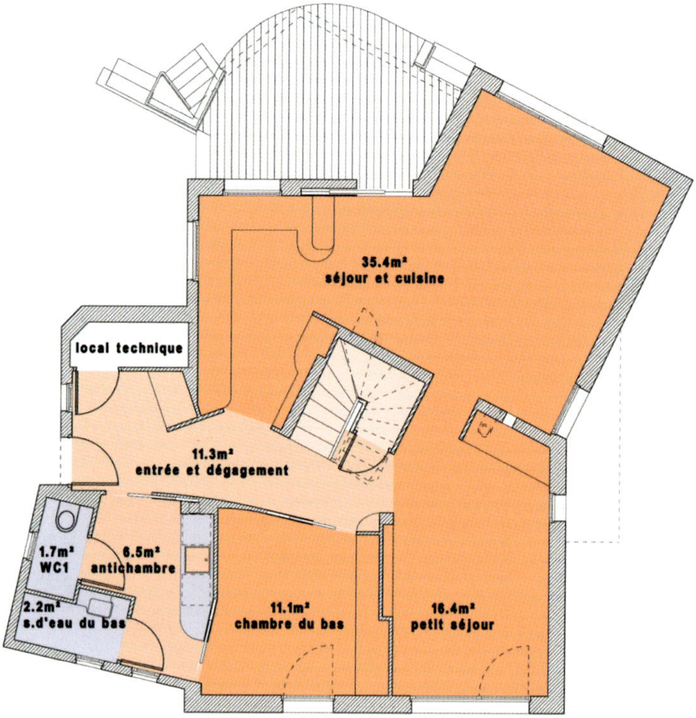

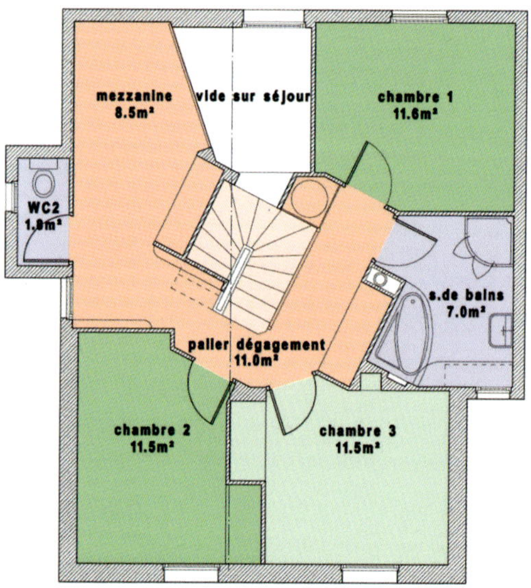

Focus technique

LA GÉOTHERMIE À CAPTEUR VERTICAL

Pour se chauffer, les propriétaires ont préféré la géothermie verticale au poêle de masse proposé par l'architecte. « On ne se sentait pas de gérer l'approvisionnement en bois, commente Philippe. On voulait un confort thermique. La pompe à chaleur (Pac) à capteurs verticaux nous paraissait plus performante que celles à capteurs horizontaux, car l'impact sur le terrain est moins important. Au début, on avait tendance à surchauffer. En peu de temps, on a optimisé les réglages. On se fie maintenant à notre bien-être plus qu'au thermostat ! »

La Pac puise l'énergie du sol pour la restituer dans l'habitat grâce au plancher chauffant. Pour cela, on pratique un forage vertical afin d'installer les capteurs, ces tubes dans lesquels circule de l'eau glycolée. C'est ce fluide qui récupère les calories. « En raison de la nature du sol, il a fallu refaire trois forages moins profonds de 40 m au lieu d'un seul de 120 m », explique Philippe.

Pour fonctionner, la Pac a besoin d'électricité : 1 kWh consommé pour 3 à 4 kWh restitués sous forme de chaleur. Supérieur à 3, le coefficient de performance affiche ici un bon niveau.

Pour un coût total de 16 230 € TTC, les propriétaires ont bénéficié d'un crédit d'impôt de 8 000 € (le plafond) et d'une subvention de 400 € de la Région.

Et en terme d'entretien ? « Une recommandation : vérifier tous les cinq ans la pression de l'eau glycolée dans le circuit », conclut Philippe.

Ce qu'en pensent les propriétaires

« L'intégration au site de la maison est bien réussie. C'était important pour nous. Nous voulions une architecture originale en toute discrétion… La présence du bois, c'était une volonté forte dès le départ. Tout comme le recours aux énergies renouvelables pour le chauffage. On a opté pour du pin Douglas, classe 4, qui offre de bonnes garanties de résistance sans recours aux traitements. Par contre, nous avons dû renoncer à la verrière.
Nous nous sommes installés au cours de l'hiver 2009. Il a fallu pas mal chauffer la maison en raison du séchage du plâtre. Notre consommation sera plus significative dans quelques mois. Nous avons réalisé une partie des travaux nous-mêmes : l'isolation, certaines peintures et la construction de l'appentis. Le père de Philippe est un peu du métier. Cela nous a bien aidés. »

Abritée par un préau, l'entrée de la maison est située à l'ouest.

Le ballon d'eau de la pompe à chaleur.

Le regard du thermicien sur… la pompe à chaleur

Il y a beaucoup d'énergie à récupérer dans le sol ou dans l'air de nos régions. Pour une pompe à chaleur, une température extérieure de -10 °C, c'est encore de la chaleur. Lorsqu'on raisonne en degrés Celsius, le froid psychologique est en dessous de zéro. Mais lorsque l'on raisonne en kelvins, 0 °C, c'est 273,15 degrés et c'est encore de la chaleur.

Le support de captage est une affaire de choix. Par exemple, une pompe à chaleur air-eau a une baisse de rendement à -5 °C, température peu fréquente dans l'Ouest. Pour pallier cela, il suffit d'allumer un appoint au bois comme un poêle, de façon à éviter le recours à l'électricité. Par contre, lorsque la température affiche 10 °C à l'extérieur, les Pac air-eau ont de très bons

Données techniques

■ Equipe de maîtrise d'œuvre
Architecte : Daniel Alasseur
Date de livraison : décembre 2008
Durée des études : 9 mois
Durée des travaux : 10 mois
Localisation : Vertou, Loire-Atlantique (44)
SHON : 160 m²
Coût au m² : 1 600 € TTC

■ Evaluation de la partie autoconstruite
20 000 € + 8 000 € en autoconstruction

■ Ventilation des coûts lot par lot
Maçonnerie, terrassement : 78 000 €
Menuiseries, charpente : 77 000 €
Couverture : 17 000 €
Plomberie, électricité, chauffage : 37 000 €
Carrelage : 15 000 €
Plâtrerie : 16 000 €

■ Consommation énergétique
62,5 kWh/m²

■ Techniques et équipements
Menuiseries mixtes bois-aluminium (fenêtres, portes) : 28 000 €

Frame house*

Maison de bord de mer en panneaux de bois massif

Architectes
DAVID JOUET ET
GUILLAUME GIRAUD
KEN EN SO

A La Plaine-sur-Mer (Loire-Atlantique), les maisons ont un air de vacances rétro. « Les Embruns », « Les Pins », « Mon repos »... Les façades affichent volontiers ce genre de petits noms surannés. Le port de la Gravette, les criques rocheuses et les plages de sable fin en font l'une des destinations favorites des Nantais pour le week-end.

Lorsqu'ils contactent les architectes de l'agence Ken En So, les maîtres d'ouvrage possèdent l'une de ces résidences de vacances. Fonctionnelle mais sans grand charme, la bâtisse est toutefois bien située, dans une rue calme du bord de mer, sur un vaste terrain sablonneux. Ce couple de jeunes retraités a déjà son idée : faire appel à l'agence d'architecture pour construire à côté de la première, une seconde maison, originale et écologique.

« Nous voulions une seconde habitation pour nous, afin de laisser l'autre maison aux enfants durant les vacances. La formule nous paraît intéressante. Les enfants et les parents ne vivent pas forcément au même rythme. Nous avons de nombreux petits-enfants. »

Une visite au Salon du bois d'Angers leur permet de glaner de l'information sur les ossatures bois, un système constructif qu'ils envisagent pour leur future maison. « On souhaitait un projet personnalisé, pas du tout traditionnel, ni dans sa forme, ni dans les matériaux utilisés. Nous nous sommes adressés à David Juet car l'agence fait essentiellement de la construction en ossature bois. Les premiers échanges à Angers nous avaient bien plus », se souvient le maître d'ouvrage.

Il y aura du débat, plusieurs esquisses et quelques remises à plat avant d'arrêter un plan définitif. « Les architectes ont leurs idées, nous en avons aussi, il faut rendre le tout compatible dans la limite d'un budget », souligne le propriétaire.

Les propriétaires souhaitaient une maison originale, écologique et fonctionnelle. Voilà qui est réussi avec ce projet de maison en panneaux de bois massif. Les tuiles brutes de Red Cedar créent un effet de bardage un peu précieux. Le grand cadre blanc semble contenir les trois volumes décalés.

*Maison cadre

Jeu de transparence orchestré par les multiples ouvertures, sources de lumière naturelle.

Vue du bureau au sud-ouest. A l'étage, les ouvertures ont été calibrées et orientées pour bénéficier de la vue sur mer et d'un maximum de lumière.

Un jeu de construction bousculé

Le résultat est pour le moins spectaculaire, avec des lignes dynamiques et une écriture affirmée. De loin, la maison semble à peine reposer sur le sol. Trois parallélépipèdes décalés, inégaux et à première vue dissociés, sont enchâssés dans un cadre blanc rectangulaire qui étire ses lignes au-delà des murs. Comme un cerclage qui viendrait contenir les éléments un peu dissipés d'un jeu de construction bousculé.

Le décalage des formes se confirme. « De cette façon, toutes les pièces ont une vue sur mer et bénéficient d'un bon ensoleillement en provenance de plusieurs sources », explique David Juet.

On entre par un sas de verre directement dans le salon-salle à manger qui s'ouvre à l'arrière, sur une terrasse-ponton légèrement surélevée.

L'un des volumes est implanté en parallèle au terrain exposé sud-nord. Il est relié par un couloir de verre aux deux autres volumes, qui eux sont décalés à 30 °. Cette astuce étend le nombre d'ouvertures possibles et, de fait, de cadrages sur l'extérieur notamment sur la mer au nord et à l'ouest.

L'effet de dissociation est obtenu par opposition des matières. Au rez-de-chaussée, les grands aplats noirs du bardage contrastent avec le pointillisme des tuiles brutes en Red Cedar de l'étage. Ces petites pièces de bois font miroiter les parties hautes, comme des sequins au soleil. Les lignes horizontales du cadre extérieur appuient la séparation haut/bas.

Le couloir vitré, à l'étage et au rez-de-chaussée, accentue l'autonomie des formes. Les vitres miroirs, l'alignement des fenêtres et leur format créent une série de compositions originales qui singularisent les façades. Le vide sanitaire ouvert et les pilotis apportent l'impression de suspension.

Malgré cette complexité apparente, le plan se développe simplement : le sas de verre de l'entrée, le salon-salle à manger (30 m^2) qui s'ouvre par l'arrière sur une terrasse-ponton légèrement surélevée. Une cuisine et sa buanderie attenante sont reliées par un petit couloir à la pièce principale. A l'étage, une mezzanine dessert deux chambres tout en faisant office de bureau-salle de lecture. Un poste d'observation d'où le propriétaire aime regarder passer les bateaux.

En bois, mais cela ne se voit pas

L'humidité du bord de mer, les courants d'air, la sensation de froid... L'ancienne maison mal isolée n'est pas très agréable en hiver lorsque le couple vient y passer le week-end. « Nous avions envie de confort. Il nous semblait tout aussi important de tenir compte de l'impact écologique de cette maison. L'avenir est dans ce genre d'habitation, bien conçue et économe en énergie », déclare le maître d'ouvrage.

Attentif à ce souhait, l'architecte David Juet propose un système constructif à base de panneaux en bois massifs prédécoupés. Cette technique autrichienne, courante en Europe du Nord, commence à faire ses preuves en France dans l'habitat écologique. Ce type de construction nécessite peu d'énergie grise pour sa fabrication et offre un bilan carbone satisfaisant, le bois stockant le CO_2 au lieu de le rejeter dans l'atmosphère. Point négatif au bilan : il faut le faire venir d'Autriche.

De l'extérieur, aucun élément en bois de la structure n'est apparent. C'est un choix esthétique : la maison est en bois mais cela ne se voit pas. L'isolation (murs, toit et plancher) est réalisée par l'extérieur avec des panneaux de fibre de bois (60 mm). Les façades sont habillées d'un pare-pluie puis d'un bardage mixte (tuiles de Red Cedar et panneaux contreplaqués lasurés de noir). La toiture en pente est également couverte de bardeaux en Red Cedar. Le plancher bas repose sur des plots béton. Un double fond en bois a été ajouté pour faire passer les réseaux.

Le chauffage est assuré par un petit bijou design, un poêle à bois pivotant et escamotable de couleur gris métallisé. Une VMC double flux apporte de l'air sec préchauffé. Grâce aux orientations bioclimatiques, les apports passifs et la lumière naturelle omniprésente contribuent au confort thermique recherché.

Les panneaux de bois massif qui constituent la structure, sont laissés apparents, simplement lasurés.

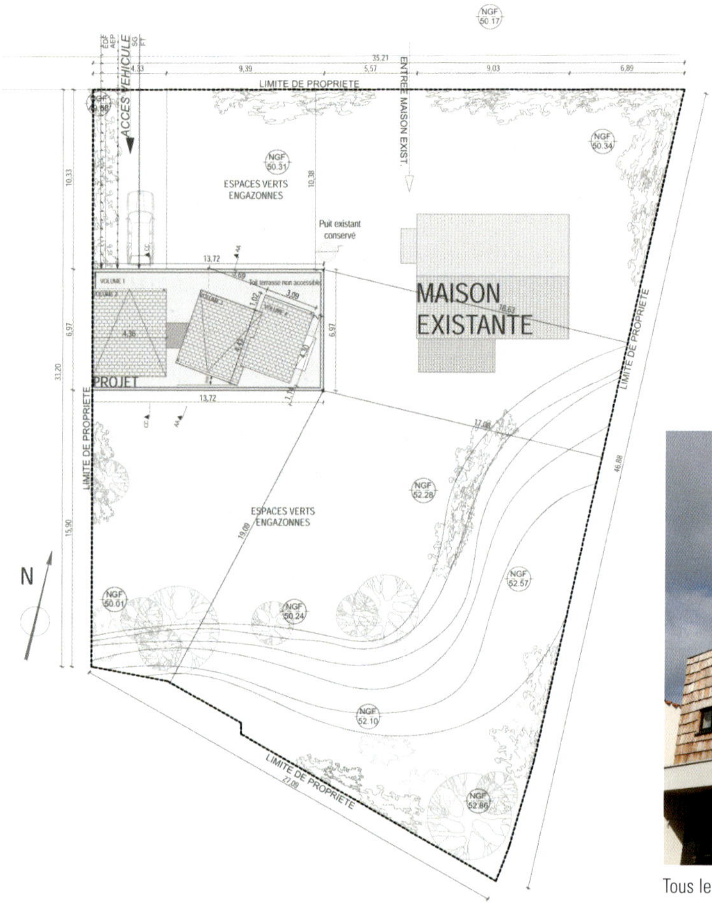

Ce qu'en pensent les propriétaires

« Nous venons d'y passer notre premier été, il faut encore prendre nos marques, trouver le bon agencement des meubles. Les vues, le volume des pièces nous plaisent beaucoup. Par ailleurs, cette maison a un côté très fonctionnel, nécessaire à une habitation de vacances. La buanderie permet de stocker pas mal de choses. Je voulais une pièce pour lire et écouter la musique. Elle est située à l'étage avec la vue sur la mer, c'est très agréable. C'est une maison très contemporaine et écologique. Ce que nous voulions. »

Tous les volumes sont décalés afin d'optimiser l'orientation des pièces.

Focus technique

LES PANNEAUX DE BOIS MASSIFS

« Ce choix constructif évite les ponts thermiques, explique Guillaume Giraud, chef de projet. Les murs sont continus, le panneau de bois massif contrecollé en épicéa (d'une épaisseur de 95 mm pour les murs et de 15 mm pour le plafond et le sol) est un isolant en soi. La volumétrie un peu particulière de la maison, avec des formes qui suivent différentes orientations, nous a conduit vers ce système aux performances techniques importantes. Avec une ossature bois, nous aurions eu trop de retombées de poutres.
Ce système de feuilles qui s'autoportent évite d'encombrer l'espace ; on gagne donc en volume mais également en inertie. Ces panneaux massifs sont également intéressants pour l'isolation phonique et thermique. Par ailleurs, nous avons fait l'économie du doublage puisqu'ils ont été laissés apparents et lasurés. Il faut toutefois penser à la distribution des réseaux. »
Les panneaux sont découpés par le fournisseur selon les plans fournis par les architectes. Livrés en pièces détachées avec un plan d'exécution, ils sont assemblés par le constructeur au moyen de grues. Le montage est très rapide : quatre jours dans le cas ici présent. Le prix indicatif des panneaux au m² avec pose se situe entre 140 et 180 €.

Baie en angle, côté mer.

Données techniques

■ **Equipe de maîtrise d'œuvre**
Architecte : David Juet et Guillaume Giraud
Mission architecte : mission complète
Date de réalisation : avril 2009
Durée des études : 12 mois
Durée des travaux : 6 mois
Localisation : La Plaine-sur-Mer, Loire-Atlantique (44)
Superficie du terrain : 1 200 m²
SHON : 100 m²
Coût au m² : 2 250 € TTC

■ **Consommation énergétique**
Non communiquée

■ **Ventilation des coûts lot par lot**
Gros œuvre : 13 835 €
Terrassement, VRD : 3 388 €
Etanchéité : 8 873 €
Ossature bois : 124 771 €
Menuiseries extérieures : 27 591 €
Menuiseries intérieures : 5 079 €
Serrurerie : 2 235 €
Cloisonnement : 7 768 €
Chauffage bois : 6 475 €
Electricité, VMC : 10 898 €
Plomberie : 7 649 €
Ravalement : 4 483 €
Escalier : 3 731 €
Zinguerie : 4 912 €
Total : 231 694 € TTC

■ **Techniques et équipements**
• Principe constructif
Construction en panneaux de bois massifs contrecollés + Fondations : plots béton
• Couverture
Toiture-terrasse en étanchéité bitumineuse + Toiture en pente : couverture en bardeaux de Red Cedar
• Bardage
Bardeaux de Red Cedar, panneaux de Rolay pin, enduit
• Isolation
Par l'extérieur, en fibre de bois
• Chauffage
Poêle à bois + Appoint électrique
• Ventilation
VMC double flux
• Menuiseries extérieures
Aluminium thermolaqué gris anthracite, à rupture de ponts thermiques

Le regard du thermicien sur… les panneaux de bois contrecollés

Dans le domaine des maisons en bois, le mode constructif choisi est la meilleure solution pour le thermicien. Les panneaux de bois brut recouverts isolés par l'extérieur évitent les nombreux ponts thermiques.
Pour comparer avec une structure à ossature tous les 60 cm, l'isolation ne peut plus être posée seulement entre les montants porteurs. Les montants étant directement en contact avec l'extérieur, il faut rompre ce pont thermique. Seule solution, ajouter une isolation complète devant les porteurs, avec un coefficient de résistance thermique R > 0,75 (pose par l'extérieur ou l'intérieur).

Effet de matières : Grands aplats noirs et pointillisme des tuiles en Red Cedar.

Brique Monomur et inertie thermique

Architecte
SOPHIE GOAËR

Lorsqu'elle fait visiter sa maison, Mathilde aime bien commencer par le sous-sol. Ce volume impressionnant éclairé naturellement sert à la fois de garage, d'arrière-cuisine et de local technique. Le ventre de la bête en somme. A savoir, l'imposante machinerie qui chauffe, ventile, rafraîchit cette maison située dans une petite ville du Finistère Sud. Le puits canadien couplé à la ventilation double flux, le chauffe-eau solaire, la pompe à chaleur air-eau qui alimente le plancher chauffant basse température, la récupération des eaux de pluie… L'installation est complexe. Pour autant, les maîtres d'ouvrage sont satisfaits, car le confort thermique revendiqué dans l'avant-projet est bien au rendez-vous. Ce n'était pas gagné compte tenu de la surface habitable généreuse : 250 m^2.

Les temps changent

Le projet de Pierre et Mathilde témoigne d'une prise de conscience, c'est un fruit issu d'une longue maturation. « La naissance de nos enfants a fait évoluer notre mode de vie et notre façon voir le monde, déclare Mathilde. A partir de là, nous avons commencé à consommer différemment, à penser plus écologique. Cette maison résulte de ce cheminement, précise Mathilde. La surface habitable est certes importante mais pas surdimensionnée : nous avons quatre jeunes enfants qui vont grandir… Nos deux familles résident loin d'ici. Nous souhaitions pouvoir les accueillir confortablement. »

Afin d'affiner leurs choix, le couple a beaucoup potassé. « Nous voulions le projet le plus environnemental possible. Cela signifiait : une faible consommation énergétique grâce à une exposition bioclimatique, des matériaux sains et locaux, peu énergivores et recyclables, un chantier propre. »

De plain-pied, ce volume très allongé est entièrement tourné vers le sud. Le dénivelé du terrain à l'ouest a été mis à profit pour créer le sous-sol qui abrite toute la machinerie de la maison : Puits canadien couplé à une VMC double flux, chauffe-eau solaire, pompe à chaleur air-eau.

Enduit chaux à l'ancienne de couleur ocre pour le côté jour de la maison et couleur crème pour le côté nuit.

En 2007, le couple trouve un terrain de 4 000 m^2, bordé de haies, bien situé et bien orienté avec une légère pente. Le lieu se prête complètement au plan qu'imaginent Mathilde et Pierre : toutes les chambres au sud, de plain-pied, de la lumière naturelle partout, une séparation des espaces parents/enfants.

Contemporaine et chaleureuse

Entre en scène l'architecte. Sophie Goaër travaille depuis dix ans sur l'habitation saine et les questions environnementales. De fait, les souhaits des maîtres d'ouvrage seront compris. La jeune femme propose un volume très allongé complètement tourné vers le sud, légèrement « bousculé » par deux avancées : celle du séjour côté sud et celle de la chambre à l'ouest. Le dénivelé du terrain à l'est est mis à profit pour créer le sous-sol.

« C'est une maison contemporaine chaleureuse, résume Mathilde. Elle est fonctionnelle et lumineuse. La température est très confortable. Grâce à l'exposition bioclimatique et à l'inertie de la construction, la température atteint facilement 22 °C en hiver. La Monomur de 50 cm, l'isolation poussée, le couplage du puits canadien et de la ventilation double flux y contribuent. » La VMC récupère environ 70 % des calories extraites de l'air sortant. Lorsque la température extérieure se situe entre 12 et 25 °C, l'air neuf de la VMC est en prise directe dehors.

Quand la température baisse, le puits canadien prend le relais. L'air extérieur y circule sur 50 m à 1,50 m sous la terre. Là, par échange thermique, il prend la température constante du sol : 12 °C environ. L'été, à l'inverse, le puits canadien assure un rafraîchissement. La pompe à chaleur (Pac) alimente le circuit du plancher chauffant.

Un matériau intuitif

Le système constructif en brique Monomur de 50 cm a déterminé les choix architecturaux du projet basé sur l'inertie thermique. Le plan est étudié pour maximiser les apports solaires passifs. Les pièces de services, placées au nord, font office d'espace tampon ; les pièces de vie, au sud, récupèrent lumière et ensoleillement. Les briques emmagasinent cette chaleur tout comme la terre cuite au sol. Les murs ont été recouverts d'un enduit plâtre à l'intérieur et d'un enduit traditionnel à la chaux à l'extérieur.

« Le toit végétal renforce aussi l'inertie, isole et compense en partie la surface occupée au sol », souligne la propriétaire. Un toit monopente en zinc coiffe les volumes de la cuisine et de la chambre parentale.

« Nous avons pu ainsi amener le soleil dans la chambre grâce à 7,50 m de bandes filantes en hauteur », note l'architecte. Cette astuce dégage aussi un beau volume (4 m environ) dans la partie salle à manger et cuisine où l'on retrouve un bandeau d'ouvertures au-dessus des baies vitrées.

Les propriétaires ont misé sur des vitrages à très basse émissivité, des menuiseries mixtes (bois et aluminium), produites localement et des volets roulants. Une étude thermique préalable a validé ces choix, préconisant toutefois une Pac moins puissante. Les propriétaires ne vont pas en rester là car ils visent l'autonomie énergétique. Il se pourrait bien que des panneaux photo-voltaïques fleurissent tantôt près du potager bio.

Des débords de toit protègent les ouvertures en bandeau exposées plein sud.

Double hauteur dans la salle à manger pour une sensation d'espace et encore plus de lumière.

Terres cuites au sol, menuiseries bois, brique Monomur de 50 cm, toit végétalisé… Tout est pensé pour conserver et diffuser la chaleur naturelle.

Façade ouest

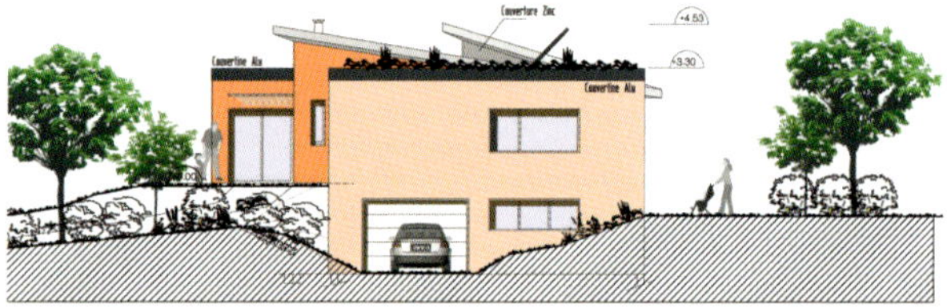

Façade est

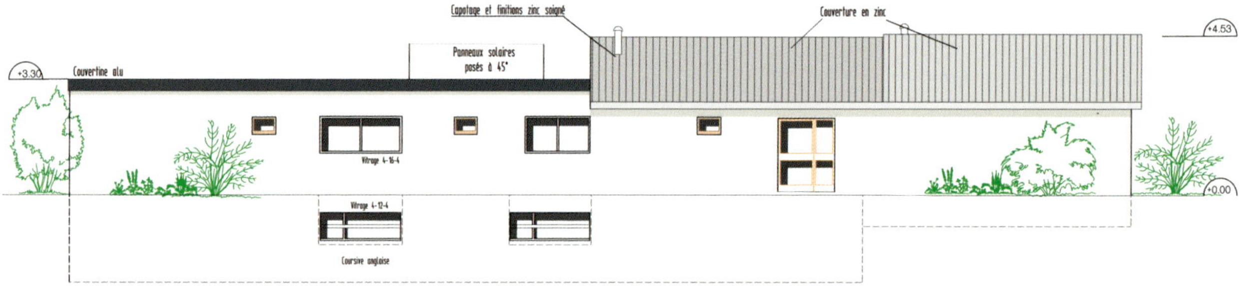

Façade nord

Focus technique

LA BRIQUE MONOMUR

Auto-isolante, la brique Monomur est constituée d'alvéoles qui emprisonnent l'air lorsqu'elle est posée. L'air, très bon isolant, forme une barrière thermique. Ce matelas résiste aux écarts de température extérieurs. De par son inertie, la brique stocke de la chaleur qu'elle libère progressivement. Le déphasage est d'un minimum de douze heures été comme hiver. L'été, la chaleur accumulée dans le mur par l'extérieur est redistribuée pendant la nuit. L'hiver, les calories accumulées dans le mur par l'intérieur sont redistribuées la nuit, si bien que l'on a toujours un système de chauffe sans trop de variations thermiques. Son comportement hygrométrique est intéressant : elle absorbe la vapeur d'eau en trop, ce qui évite la sensation d'humidité. Ici, l'architecte a choisi une épaisseur de 50 cm peu courante en France où l'on trouve plus fréquemment de 37,5 ou 42 cm. Le coût de la brique (pose + enduits) s'élève à 244 €/m² (240 €/m² pour une Monomur de 37,5 cm isolée et enduite). La pose s'effectue sans mortier avec un enduit colle. Le volet négatif est sa dépense en énergie grise.

Ce qu'en pensent les propriétaires

« Les réglages de la Pac ne sont pas faciles à maîtriser, reconnaît Mathilde. Le service après-vente succinct pour le chauffe-eau solaire a déçu. Les consommations électriques de la Pac, de la VMC et du chauffe-eau solaire sont groupées ; de fait, je ne sais pas exactement ce que consomme chaque poste.
Nous espérons optimiser le fonctionnement de la Pac pour réduire notre consommation d'électricité d'un total de 17 000 kWh par an, électroménager et éclairage compris. Soit une facture mensuelle de 200 €, abonnement compris. Le prévisionnel chauffage et éclairage affichait 11 500 kWh. La pose du puits canadien, un modèle allemand très performant, n'a pas été optimisée par les entreprises ne connaissant pas assez ce genre de matériel. Nous sommes allés très loin dans nos choix écologiques, des meubles de cuisine à la peinture naturelle. Mon jardin bio avec ses herbes hautes et ses fleurs champêtres peut choquer certains, moi je trouve qu'il va bien avec ma maison. L'ensemble du projet a nécessité un investissement personnel important afin de valider ces choix résolument environnementaux. »

Vue nord-ouest. La bouche du puits canadien et la pompe à chaleur ont été placées à l'arrière de la maison.

Le regard d'un thermicien sur… le chauffe-eau solaire

Il m'est souvent demandé de justifier la pertinence d'un chauffe-eau solaire. Ma réponse est claire : il devrait être obligatoire. A Barcelone, le permis de construire est rejeté pour défaut d'équipement de solaire thermique. Le solaire thermique, couplé ou non au chauffage, coûte à l'achat, mais produit une énergie fabuleuse au plus petit coût par la suite. Pourquoi consommer de l'énergie sept mois de l'année pour produire de l'eau chaude alors que le solaire, avec une simple pompe et une petite régulation, suffit.
Dans l'efficacité énergétique, le seul facteur important est le ratio entre le kW produit et le kW consommé. Sur ce terrain, le solaire thermique est le champion absolu. Quant à l'investissement, tout est une question d'échelle de temps et de coût d'énergie de substitution. Tout permet de penser que l'électricité et l'énergie fossile seront de plus en plus chères, donc le solaire de plus en plus rentable.

Données techniques

■ Equipe de maîtrise d'œuvre
Architecte : Sophie Goaër
Date de livraison : décembre 2007
Durée des études : 7 mois
Durée des travaux : 16 mois
Localisation : Finistère (29)
SHON : 270 m² + sous-sol
Coût au m² : 2 030 € TTC

■ Consommation énergétique estimée
17 000 kWh/an (électricité), soit 63 kWh/m²/an

■ Ventilation des coûts lot par lot (HT)
Maçonnerie en brique Monomur 50 cm : 151 700 €
Terrassement : 25 450 €
Charpente Douglas non traité : 27 000 €
Couverture zinc 165 m² : 18 500 €
Couverture membrane monocouche + Végétalisation 190 m² : 15 623 €
Isolation ouate de cellulose de 30 cm d'épaisseur : 9 500 €
Menuiseries extérieures mixtes aluminium-châtaignier : 46 500 €
Menuiseries intérieures (y compris fabrication et aménagement placards) : 27 700 €
Cloison en brique isolée + Plafond plaque Fermacell : 20 230 €
Electricité : 27 900 € (dont 6 300 € de domotique)
Plomberie : 12 700 €
Revêtement de sol et faïences (terre cuite, linoléum à base d'huile de lin, douche à l'italienne avec mosaïque en pierre naturelle 2*2) : 29 000 €
Plâtrerie : 15 780 €

■ Techniques et équipements
VMC double flux couplée avec le puits canadien : 9 070 €
Eau chaude solaire avec ballon de 400 litres : 7 400 € HT
Chauffage, pompe à chaleur eau-air + Plancher chauffant (dont 9 cm d'isolation) : 32 700 € HT
Récupération des eaux pluviales : 6 500 € HT

Le choix des énergies renouvelables

Architectes
MICKAËL TANGUY
ET TRISTAN MORDELLET

Comment présenter Kobie et Bert ? Des Hollandais morbihannais ou plutôt des Morbihannais hollandais ?

En 2006, ce couple d'enseignants à la retraite a mis à exécution un projet ficelé de longue date. Venir s'installer en France et plus précisément en Bretagne. Quoi qu'on en dise, le climat du Morbihan leur paraît plus clément que celui de Rotterdam où ils vivent. Dès 2003, le couple de jeunes retraités (un enseignant et une consultante en informatique) cherche un terrain pour construire une maison écologique. Ironie du sort, le hasard les conduira vers… un champ de maïs. « Une parcelle de 4 000 m^2 située en dehors de ce village, proche de Quimperlé », se souvient Bert.

En feuilletant une revue, les futurs maîtres d'ouvrage trouvent les futurs maîtres d'œuvre : Mickaël Tanguy et Tristan Mordellet. Les arguments qui ont compté : audace architecturale, budget serré, matériaux originaux. « Nous étions autant attachés au caractère écologique qu'au style contemporain. Ce n'était pas simple de trouver un projet réunissant les deux », ajoute Bert. Le 29 décembre 2006, après avoir vendu leur maison, ils quittent la Hollande et s'installent dans une location pour suivre le chantier pas à pas[1].

Brrr…

« Je suis très frileuse, confie Kobie. Le mot "froid" revient sans cesse dans ma bouche. Notre maison se devait de bannir l'humidité, les courants d'air, tout ce qui peut provoquer cette désagréable sensation, au profit de la chaleur du soleil, de matériaux sains, de la douceur d'un poêle à bois, etc. » Ainsi soit-il !

1. *Kobie et Bert racontent leur aventure de maison sur un blog très complet : www.ker-mais.nl*

La recherche d'un grand confort thermique, le désir d'autonomie énergétique sont les lignes de force de ce projet. Les propriétaires souhaitaient une architecture très contemporaine en cohérence avec leurs exigences environnementales.

Vue sud-est. Les architectes ont proposé des murs à ossature bois isolés avec de la laine de bois, bardés de plaques de fibrociment noir et gris. La maison est équipée d'un poêle à granulés, d'un chauffe-eau solaire et d'un système de préchauffage de l'air.

La recherche d'un grand confort thermique et le désir d'autonomie énergétique sont les lignes de force de ce projet exigeant en matière de qualité environnementale. Très informés, les maîtres d'ouvrage pensent solaire thermique et photovoltaïque, éolien, récupération des eaux de pluie, assainissement autonome, toilettes sèches, permaculture.

En terme de budget, ils sont prêts à consacrer autant à la construction qu'aux équipements écologiques. Au final, le coût de la construction s'élèvera à 150 000 € TTC pour un budget total de 250 000 € TTC et 130 m² de surface.

Afin de répondre au mieux à ces exigences, les architectes décident de collaborer avec un éco-concepteur, Francis Le Bris. « Nous nous sommes chargés du volet architectural, du choix des matériaux, du système constructif (ossature bois), explique Mickaël Tanguy. M. Le Bris, du volet environnemental et technique, en particulier du système de préchauffage. Il a contribué à faire évoluer le projet en remettant en question les premières esquisses. Trop peu de baies vitrées au sud ! On a dû revoir la copie. »

Des boîtes dans la boîte

Après les études thermique et géobiologique, l'équipe valide une implantation, des orientations, des ouvertures… Dans un esprit ludique, les maîtres d'œuvre proposent un jeu d'emboîtement de formes. Le plan s'articule autour d'un grand volume trapézoïdal qui s'élargit en progressant du nord (chambre, entrée) vers le sud (salon, terrasse).

Sur les grands côtés de cette « nef » centrale viennent s'imbriquer quatre petits volumes. Des boîtes dans la boîte, selon le principe des poupées russes. Ces espaces cubiques, qui ressortent à l'extérieur comme à l'intérieur, abritent deux chambres, le bureau, la salle de bains.

« Cette idée de "boîtes" est née du fait que les maîtres d'ouvrage parlaient de "chambres" comme de petites pièces pour chaque usage, d'où l'idée de découper le plan en espaces bien distincts, en retrouvant cette idée du côté extérieur », explique Tristan Mordellet. « On préserve ainsi l'intimité de chacun tout en disposant d'un volume généreux », ajoute Mickael Tanguy.

A l'ouest, une bande filante en hauteur adoucit la lumière apportée par le couchant. Sur cette façade de 19 m, parallèle à la route, viennent s'adosser la cuisine et un préau qui conduit à l'abri voiture. Le garage est en projet.

La générosité des ouvertures se manifeste au sud avec une baie de 5 m par 2,25 m, qui s'ouvre sur la terrasse et prolonge le salon vers la nature environnante. Plus découpée, la façade est s'anime par le jeu de formes et de matières : bardage métallique pour volume

principal et bardage en panneaux de Fibrociment pour les boîtes. Les ouvertures traitées dans la longueur rythment l'ensemble et donnent des vues agréables sur le potager. Le détournement de ces matériaux industriels et le choix d'une gamme de couleurs sombres, du gris anthracite au noir, concourent à une certaine radicalité.

La maison est constituée d'un grand volume trapézoïdal qui s'élargit en progressant du nord (chambre, entrée) vers le sud (salon terrasse). Sur les grands côtés de cette « nef », viennent s'imbriquer quatre petits volumes qui ressortent à l'extérieur comme à l'intérieur. Ces « boîtes » abritent deux chambres, le bureau, la salle de bains.

Ce qu'en pensent les propriétaires

« Notre objectif ? Tendre vers l'autonomie énergétique et avoir le moins d'impact possible sur l'environnement, explique Bert. Nous avons construit nous-mêmes notre système d'assainissement autonome par phyto-épuration. On s'est très bien habitués aux toilettes sèches, un modèle sans copeaux de bois. Après avoir pas mal cherché de solutions du côté des pompes à chaleur, nous avons installé un système de préchauffage par le sol. (Voir ci-dessous.)

Le poêle à granulés apporte le complément. Très design, il nous a coûté cher mais il a un très bon rendement. On l'alimente tous les trois jours avec des granulés (3 sachets de 15 kg dans le réservoir). Nous avons consommé 1,2 tonne durant l'année pour environ 300 €. Nous avons également investi dans une isolation naturelle (15 cm d'ouate de cellulose insufflée) et un doublage en plaque de gypse-cellulose. Des matériaux sains qui nous semblaient intéressants pour réguler l'hygrométrie. Afin d'éviter les ponts thermiques, nous avons opté pour du double vitrage de qualité avec une lame d'argon.

En saison, les panneaux solaires chauffent l'eau sanitaire, celle de la machine à laver et alimente le circuit des radiateurs à basse température des chambres. Le système bascule sur l'électricité quand il n'y a pas assez de rayonnement. Si c'était à refaire, je ferais autrement. Peut-être j'installerais un mini chauffe-eau électrique qui évite les déperditions en apportant directement l'eau chaude là où on en a besoin. En effet, la distance entre notre chauffe-eau et la douche ou les sanitaires est importante. Cela génère du gaspillage.

Par contre, pour les trois radiateurs, le mini-chauffe-eau ne peut rien faire.

Personnellement, je pense que le coût de l'installation ne sera jamais amorti. Tant pis, on espère utiliser moins de courant électrique.

Il a fallu revenir sur notre idée d'éolienne : pas assez de vent. On s'oriente donc vers des panneaux photovoltaïques raccordés au réseau EDF : 60 m² sur le toit du hangar pour un coût de 45 000 € HT nous permettraient de produire 5 500 kW/an. Plus qu'autonomes, nous serions positifs ! »

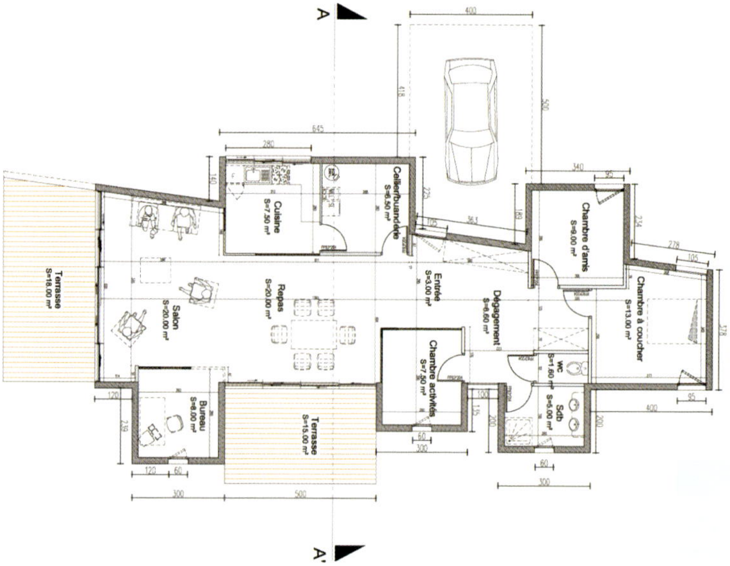

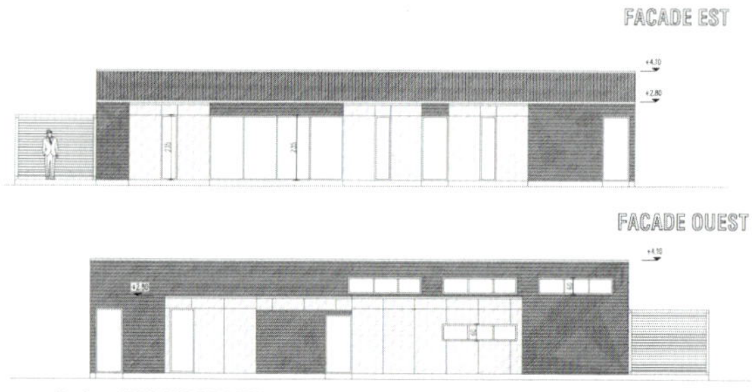

Données techniques

■ Equipe de maîtrise d'œuvre
Architectes : Tristan Mordellet et Mickaël Tanguy
Date de livraison : mars 2008
Durée des études : 8 mois
Durée des travaux : 10 mois
Localisation : Le Faouët, Morbihan (56)
SHON : 132 m²
Coût au m² : 1 800 € TTC (tout compris)

■ Evaluation de la partie autoconstruite
Assainissement : 2 700 €
Récupération des eaux de pluie : 9 000 €
Atelier : 4 000 €
Salle de bains : 2 000 €
Finitions : 3 500 €

■ Ventilation des coûts lot par lot
Gros œuvre : 41 200 €
Charpente, bardages, ossature bois : 51 200 €
Couverture : 20 930 €
Menuiseries extérieures : 16 500 €
Menuiseries intérieures, cloisons, isolation : 37 000 €
Chauffage solaire : 10 600 €
Plomberie : 3 000 €
Electricité : 7 000 €
Viabilisation : 4 000 €
Poêle à granulés : 7 000 €
Cuisine : 6 000 €

■ Consommation énergétique
Consommation électrique : 38,40 kWh/m²/an
Consommation de granulés pour le poêle : 300 €

■ Techniques et équipements

• Chauffage
Système solaire combiné chauffage et eau chaude (capteurs solaires 2,50 m² + station solaire et régulation pour système d'eau chaude sanitaire + ballon 400 litres) : 8 500 €
Main-d'œuvre : 2 100 €

• Système constructif et isolation des murs et du toit
Murs en ossature bois, montants de 15 cm d'épaisseur, ouate de cellulose dans l'épaisseur des murs, doublages intérieurs en panneaux Fermacell. Idem pour les cloisons intérieures
Couverture en bac sec et en étanchéité (pour les boîtes), 30 cm d'ouate de cellulose en plafond, lame d'air entre bac sec et isolation, pour éviter la condensation.
Espace technique sous le bac acier pour capter la chaleur du soleil et récupérer dans le sol, où se trouve un réseau de tuyaux pour créer un système de chauffage au sol passif à inertie thermique.
Bardage métallique ondulé simple peau pour volume principal, bardage panneaux Fibrociment pour les « boîtes ».

• Menuiseries
Menuiseries aluminium : profilés à rupture de ponts thermiques sur dormant et ouvrant
Vitrage 4/12/44.2
Gaz argon entre les deux vitrages (plus efficace qu'une lame d'air)
Vitrage à faible émissivité

Le regard d'un thermicien sur… Comment comparer la performance thermique de deux maisons ?

C'est un vaste sujet. Le relevé des kWh du compteur d'électricité ou la mesure de la quantité de bois consommé donne la consommation d'énergie finale du chauffage. A cela, il faut ajouter la consommation des autres postes de la maison (VMC, éclairage…). Le système de VMC a besoin d'une énergie électrique, l'éclairage, les appareils électroménager, cet ensemble consommera en fonction d'un cycle d'usage (il est unique pour chaque famille). Ensuite il faut convertir l'énergie finale en énergie primaire (c'est l'énergie à la source, l'indice de référence est le pétrole). Le taux de convection de l'énergie électrique à l'énergie primaire de référence est de 2,58 ; celui du bois est de 1. Nous découvrons ainsi le coefficient CEP5P, qui n'est autre que la consommation en énergie primaire ramenée au m² à valeur comparable. C'est la valeur de comparaison officielle retenue par la réglementation thermique. Le DPE prend en compte trois postes de dépenses (CEP3P). Par contre, les labels français et l'évaluation des demandes de subventions (auprès des Régions par exemple) se basent sur le coefficient CEP5P.

Focus technique

UN SYSTÈME DE PRÉCHAUFFAGE

Francis Le Bris a mis au point un système qui a pour effet de maintenir une température de base de 12 °C minimum dans la maison. Il est constitué de deux circuits (deux étages de tubes de PVC qui serpentent sous la dalle) favorisant des transferts de chaleur par circulation d'air. Le premier circuit prend de l'air chaud au niveau de la grande baie située au sud et l'envoie vers les pièces au nord (chambres). Cela aide à équilibrer la température intérieure en diminuant les surchauffes au sud.

Le deuxième circuit, plus grand, capte l'air chaud sous la couverture en bac acier de couleur foncée. La zone de captage est constituée par un espace vide de 20 cm entre le bac acier et le plafond isolé. L'air chaud récupéré est mis en circulation vers le second réseau de tubes. Les calories sont ainsi transférées vers la masse thermique, une couche de 1 m d'épaisseur de remblai très compacté entre le sous-sol naturel et la dalle béton. Cette masse thermique accumule et restitue la chaleur. Plus la température intérieure baisse, plus la masse restitue de la chaleur. Pour ces deux systèmes, les thermostats pilotent les ventilateurs en fonction d'une température préréglée.

Une cabane dans les pins

Ossature bois et confort d'été

Architecte
FORMA 6

Catherine et Xavier avaient envie d'une maison de vacances à la campagne. Une sorte de cabane en bois. Celle que l'on rêve de construire, enfants, avec tout ce qui peut nous tomber sous la main. Les deux architectes nantais se sont donc mis en quête d'un terrain pour concrétiser ce projet. En 2000, ils trouvent une parcelle de 7 000 m^2, située à Châteauneuf, un petit village vendéen proche de Noirmoutier. La vue dégagée sur les champs, la tranquillité des lieux et la proximité de leur résidence principale (40 minutes de Nantes) les séduisent aussitôt. « Depuis longtemps, nous avions en tête cette idée de cabane dans les pins, faite de matériaux simples et économiques », se souvient Catherine.

A l'horizontale

« Compte tenu de la grandeur du terrain, un volume compact se serait complètement perdu, reprend l'architecte. Comme nous voulions une surface modeste (100 m^2 de SHON) pour un budget modeste (100 000 €), il fallait trouver comment "habiter" au mieux l'espace. » Les architectes ont donc joué l'horizontalité à fond en occupant au maximum la largeur du terrain. Pour cela, ils se sont inspirés des formes de l'habitat traditionnel vendéen, la longère. Le format rectangulaire des ouvertures et le bardage en tasseaux posés à l'horizontale étirent encore un peu plus les lignes. Cet effet de claire-voie est décliné devant les fenêtres des chambres et de la cuisine afin de modérer l'ensoleillement et d'ajouter à cette esthétique « du voir sans être vu »…

« La maison s'inscrit comme une ligne dans le paysage », décrit Catherine. Elle a été implantée et conçue selon les principes

Pour cette maison de vacances à la campagne, les architectes sont partis de l'idée de la cabane en bois, faite de matériaux simples et économiques. Le budget était serré : moins de 100 000 €. L'ensemble est constitué par deux volumes jour/nuit, reliés entre eux par un couloir.

d'une architecture bioclimatique : ouvertures principales au sud, pièces de services et économie d'ouvertures au nord, utilisation des haies existantes contre la protection des vents dominants. Une attention particulière a été portée sur le choix de matériaux dont la fabrication nécessite peu d'énergie grise, comme le bois par exemple. D'ailleurs, les architectes ont opté pour l'ossature bois comme système constructif. Guidé par une économie de moyens, ce projet utilise plus volontiers des astuces architecturales que des équipements techniques pour garantir un confort thermique et réduire la facture énergétique.

Ci-dessous et en bas : Le bardage constitué de tasseaux espacés joue avec l'effet de claire-voie et étire les lignes de la maison à l'horizontale.

Position jour/nuit

De plain-pied, l'ensemble est composé de deux volumes identiques. Deux rectangles de 4 m par 9, respectivement coiffés d'un toit double pente en tôle ondulée : la partie jour et la partie nuit. Ces deux espaces aux usages bien distincts sont reliés par un corridor vitré au nord comme au sud : la cuisine de 6 m^2, sorte de poste d'observation avec vue plongeante sur la piscine. La salle de bains occupe la seule partie maçonnée de cette maison : un bloc carré de 4 m^2, enduit de couleur vert anis, situé à l'arrière, côté rue.

La partie jour, dans laquelle on pénètre en poussant la porte d'entrée, se résume à une grande pièce de 36 m^2 réunissant salon et salle à manger. C'est la pièce principale, celle où l'on paresse en été à l'heure de la sieste, celle où l'on joue aux cartes en hiver autour du poêle à bois…

A l'intérieur, les murs ainsi que les rampants sont entièrement bardés de planches en pin brut, dans un esprit récup'. « Nous avons pu garder toute la hauteur sous le toit grâce à une prouesse technique : une faîtière de 9 m en lamellé-collé qui soutient la charpente et repose sur l'ossature bois. Cela évite les fermes, qui cassent le volume intérieur. » Dans la partie nuit, ce système a permis de dégager le volume suffisant pour une pièce de jeux-dortoir prolongée par une salle de bains. Quant aux trois chambres, on y accède en descendant quelques marches comme on se glisse dans la cabine d'un bateau.

Partie nuit. Les murs ainsi que les rampants sont entièrement bardés de planches en pin brut, dans un esprit récup'.

Semi-enterrées

« Etant donné qu'il s'agit d'une maison de vacances, nous avons surtout cherché à maintenir une température fraîche en été, dans les chambres en particulier. Pour cela, nous avons utilisé l'inertie de la terre : en effet, les trois chambres sont semi-enterrées sur une hauteur de 1 m. L'été, on arrive à gagner 3 à 4 °C de moins que dans la pièce principale. Autre avantage non négligeable : on gagne aussi de la surface habitable », constate Catherine.

En hiver, le chauffage de la maison est assuré par un poêle à bois placé dans le salon-salle à manger. Cette pièce de vie bénéficie aussi d'un bon ensoleillement grâce à de larges ouvertures fixes, dont la hauteur a été rabaissée à 1,80 m. Cette hauteur hors norme laisse pénétrer les rayons bas du soleil hivernal mais brise ceux à la verticale de l'été. Nul besoin de débord de toit ou de brise-soleil. De plus, ce format accentue encore l'horizontalité du volume général et offre un cadrage singulier sur le paysage propice à la contemplation.

Une pièce de jeux-dortoir prolongée par une salle de bains.

On accède aux trois chambres semi-enterrées, en descendant quelques marches comme on se glisse dans la cabine d'un bateau…

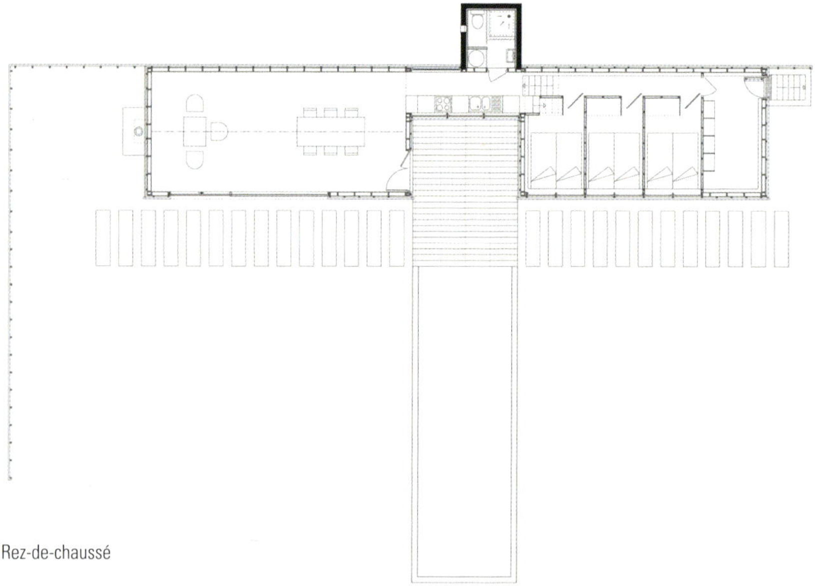

Rez-de-chaussé

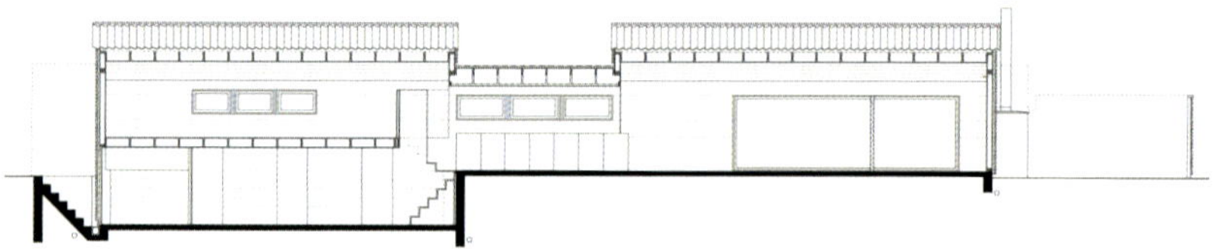

Coupe

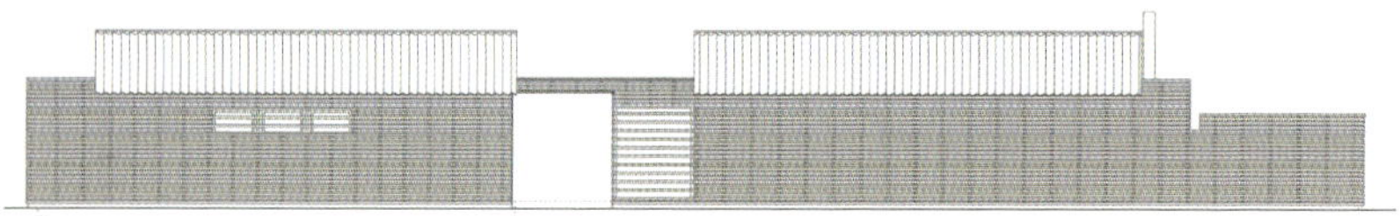

Façade Nord

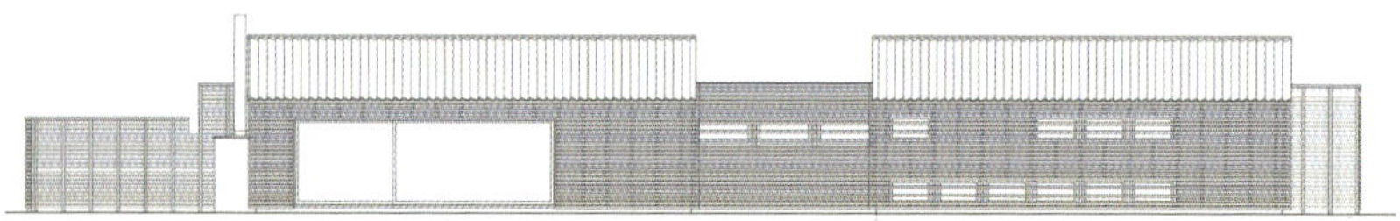

Façade Sud

Focus technique

L'OSSATURE BOIS

Dans le cas présent, il s'agit d'une trame constructive en poteaux de pin Douglas de 140 mm d'épaisseur tous les 60 cm, laine de roche, film polyane et voliges brutes intérieures, contreventement en panneaux d'OSB, pare-vapeur, pare-pluie noir et bardage en tasseaux horizontaux espacés de 5 cm en pin Douglas à l'extérieur. La structure repose sur la dalle de béton cirée, teintée dans la masse, de couleur gris anthracite.

Le choix de matériaux du commerce – tasseaux 5 x 5 cm, voliges, tôle ondulée… – a permis de réaliser une maison économique. Le choix d'une filière sèche, le bois, a permis de réduire significativement le temps de chantier. Sa conception en fait une construction durable de bon sens : orientation, compacité, « géothermie » des chambres, chauffage bois

L'effet de claire-voie est décliné devant les fenêtres de la cuisine afin de modérer l'ensoleillement et de rajouter à cette esthétique de vigie.

Ce qu'en pensent les propriétaires

« C'est une maison accueillante et facile à vivre, qui correspond à l'envie de cabane au milieu de la nature que nous avions. Nous l'avons pensée pour vivre dehors, ce qui nous manquait en ville. Nous y avons passé un hiver il y a six ans, lors de travaux dans notre appartement et le seul petit poêle à bois suffisait à tout chauffer, les espaces étant assez ouverts. Elle est finalement aussi fonctionnelle l'hiver que l'été, quoique les chambres soient un peu petites pour nos adolescents, s'il fallait y vivre aujourd'hui au quotidien. Avec le recul, nous regrettons de ne pas avoir fait tout de suite une dépendance pour y stocker le bois, les vélos… et de ne pas avoir fait installer des panneaux solaires pour chauffer la piscine. C'est encore possible, tout est prévu pour.
Lors de sa conception en 2000, ce n'était pas encore la grande vague écologique que l'on connaît aujourd'hui. Même si l'orientation, la conception et le choix des matériaux s'inscrivent dans le respect de l'environnement, aujourd'hui nous ferions d'autres choix : capteurs solaires pour l'eau chaude, bois de bardage sans traitement… »

Le regard du thermicien sur… le confort d'été

On oublie trop souvent de travailler sur le confort d'été, surtout dans nos régions océaniques. En effet, les maisons se doivent d'être agréables sur les douze mois de l'année. La réglementation thermique impose pourtant le calcul de la Tic (température intérieure conventionnelle). C'est un garde-fou des surchauffes estivales. Ouvrir largement au sud est un argument pour capter le soleil l'hiver, mais peut s'avérer un handicap l'été. Il faut optimiser les ouvertures en gardant à l'esprit qu'un vitrage basique est un très mauvais isolant. Il peut s'avérer coûteux lorsqu'il offre une meilleure performance. L'occultation et la ventilation naturelle sont aussi des moyens peu coûteux pour garantir une température d'été agréable.
L'inertie est un bon moyen de décaler l'impact du soleil d'été : la fraîcheur emmagasinée par la maison dans la nuit va se ressentir dans la journée. Les calculs par simulation dynamique montrent facilement qu'un mur ou plancher en matériaux lourds de 6 cm est suffisant pour gagner cette inertie.

Bardage bois et ossature bois.

Données techniques

■ Equipe de maîtrise d'œuvre
Architecte : Forma 6
Date de livraison : juin 2001
Durée des études : 5 mois
Durée des travaux : 5 mois
Localisation : Châteauneuf, Vendée (85)
SHON : 100 m^2
Coût au m^2 : 990 € TTC (hors piscine et espaces verts)

■ Ventilation des coûts lot par lot (TTC)
Gros œuvre : 34 202 €
Menuiseries (bois, charpente, toiture) : 53 319 €
Etanchéité : 1 525 €
Electricité, chauffage, ventilation : 6 107 €
Plomberie, sanitaire : 3 909 €

■ Consommation énergétique
37 kWh/m^2/an

■ Techniques et équipements
• Chauffage
Poêle à bois (volume de chauffe 220 m^3, rendement 79,7 %) : 600 € TTC
Convecteurs électriques en complément : 2 350 € TTC
• Système constructif et isolation des murs et du toit
Ossature bois sapin + Triply en contreventement + Liteaux + Pare-pluie : 9 567 € TTC
Charpente (pannes faîtières lamellé-collé + chevrons + voliges sapin) : 3 548 € TTC
Isolation, parement intérieur (laine de verre 120 mm + pare-vapeur + voliges sapin 14 x 200) : 5 016 € TTC
Couverture chaude (tôle galvanisée petite ondulation + isolation feutre 80 mm) : 4 242 € TTC
• Menuiseries
Menuiseries extérieures mixtes MC2 bois-aluminium + vitrage isolant : 10 925 € TTC
Menuiseries intérieures sapin (portes, plans de travail et vasques) : 1 751 € TTC

Deux volumes pour maîtriser sa consommation d'énergie

Architecte
PIERRE-EMMANUEL LE PRISÉ

Christian et Marie-Odile ont fait un choix raisonnable. Sans se priver pour autant d'un brin de fantaisie. Avant de déménager à Bruz, ils habitaient un coin de campagne dans la vallée de la Vilaine. Leur maison de caractère était confortable, rénovée par un architecte, et le cadre de vie tout à fait charmant. Pourtant, ce couple âgé d'une petite cinquantaine d'années avait envie de se rapprocher de la ville. Christian, qui travaille près de Rennes, souhaitait pouvoir utiliser les transports en commun. Ils décident alors de s'établir à Bruz (Ille-et-Vilaine). En 2007, après avoir trouvé un terrain situé dans la ville nouvelle, ils consultent un architecte.

« Nous souhaitions réfléchir à nos besoins futurs avec un homme de l'art, note Christian. Ce n'est pas facile de formaliser ses choix, hiérarchiser ses envies. L'architecte joue un peu le rôle d'un miroir. C'est aussi l'assurance d'une mise en œuvre rationalisée, sécurisée. »

L'adaptabilité des pièces figurait parmi les exigences majeures du couple. Christian dirige une structure spécialisée dans le handicap. Pour lui, il est inconcevable qu'un fauteuil roulant ne puisse pas circuler dans sa future maison.

Les volumes, le plan et la proposition du patio sont les arguments qui ont fait pencher les maîtres d'ouvrage pour le projet de Pierre-Emmanuel Le Prisé. « Ce patio est une sorte de réminiscence de nos voyages, en Italie notamment », confie Christian.

Le permanent et l'éphémère

En forçant le trait, il aurait pu y avoir deux maisons côte à côte sur ce terrain. Tout compte fait, l'architecte a proposé un bâtiment compact avec un rez-de-chaussée et un étage

Située près de Rennes, cette maison a été pensée en deux volumes quasiment indépendants. Un volume principal pour les usages quotidiens du couple qui l'habite. Un volume plus léger à usage occasionnel pour recevoir la famille.

La chambre parentale et le salon s'ouvrent sur la terrasse exposée au sud-est.

Le patio intérieur sépare les deux volumes qui constituent la maison.

La cuisine donne sur le patio qui inonde de lumière le rez-de-chaussée.

qui constituent deux espaces presque autonomes. Le rez-de-chaussée, d'une surface de 120 m^2, est organisé en progressant des espaces de réception vers les espaces plus intimes. Après un hall d'entrée assez vaste, toutes les pièces tournent autour de la cour carrée entièrement vitrée : la cuisine, la pièce principale, la chambre et sa salle de bains.

Le quatrième côté du carré est constitué d'une paroi en polycarbonate coulissante derrière laquelle se trouvent le garage et l'escalier qui monte à l'étage. Au premier, on trouve donc les chambres des (grands) enfants du couple. « Elles sont plus isolées du reste de la maison car leur usage est occasionnel, souligne Pierre-Emmanuel Le Prisé. Nous avions appris qu'un petit collectif allait se faire à côté de la parcelle. Pour éviter le vis-à-vis, nous avons préféré un bâtiment plus haut. Ce volume garage et étage protège le patio des regards. »

Dans cette même logique, l'architecte a différencié les systèmes constructifs : ossature bois avec bardage et couverture métallique de couleur noire pour la partie habitée par intermittence ; maçonnerie en brique enduite ocre et crème pour l'autre. « L'ossature bois, de faible inertie, monte plus rapidement en température, ce qui traduit cet usage éphémère. A l'inverse, la partie plus quotidienne, en Monomur de 42 cm avec un plancher chauffant, possède une forte inertie », remarque le maître d'œuvre.

Ce premier espace peu habité n'est toutefois pas pensé comme un vide dans la maison car, au rez-de-chaussée, le garage avec sa cloison mobile peut s'ouvrir sur le patio qui lui-même s'ouvre sur la pièce de vie. Cette modularité crée un nouvel espace éphémère dans la maison avec une destination précise : la fête. « Les maîtres d'ouvrage voulaient un espace intermédiaire pour accueillir du monde », note l'architecte. Les circulations de la maison au jardin sont étudiées pour être le plus fluide possible. La pièce principale se compose et se recompose au fil des saisons grâce à un jeu d'ouvertures sur le patio ou le jardin.

Un sud moderato

« Nous souhaitions le projet le plus durable compte tenu de notre budget. Là encore, ce n'est pas facile de faire des choix. Je tenais au plancher chauffant pour le confort que cela apporte et à la ventilation double flux car je trouve le système de récupération de chaleur très cohérent. J'ai laissé tomber le puits canadien. Pour la pompe à chaleur (Pac), la géothermie s'avérait complexe compte tenu de la nature argileuse du terrain. Nous avons donc choisi l'aérothermie », décrit Christian. Des radiateurs électriques viennent en appoint lorsque l'étage est occupé.

La volumétrie optimise les apports passifs. Le mur en brique au sud emmagasine la chaleur dans la journée et restitue la chaleur ; la température intérieure ne varie pas. « Un mur qui monte à 25-26 °C émet 18 à 19 °C à l'intérieur. Il n'y a pas d'isolation. Cela bloquerait le travail de la brique, note Pierre-Emmanuel Le Prisé. Nous avons réduit les ouvertures au sud pour éviter la surchauffe. Avec trop d'apports passifs, on ouvre les fenêtres. Car le plancher chauffant, même éteint, redescend lentement en température en raison de son inertie. Lorsque le soleil disparaît, la maison est refroidie et l'on doit attendre que le plancher chauffant diffuse à nouveau de la chaleur. De plus, je ne trouve pas très agréable d'avoir des baies closes pour occulter la lumière du sud. La grande baie est donc à l'est, comme la chambre et la terrasse qui bénéficient d'un bel éclairage et d'un soleil doux et agréable. » Dans le patio, la paroi en polycarbonate joue le rôle d'un diffuseur de lumière. « Ses qualités thermiques ne sont pas exceptionnelles mais c'est encore une fois un compromis en fonction de l'usage des lieux. Une paroi de verre aurait nécessité une structure porteuse plus lourde, plus onéreuse. »

Peu d'ouvertures au sud dans le salon pour éviter les surchauffes. Le plancher chauffant est couplé à une pompe à chaleur air-eau.

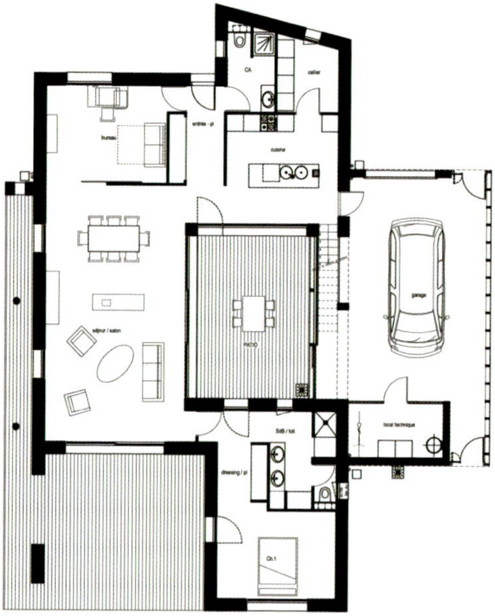

Rez-de-chaussée

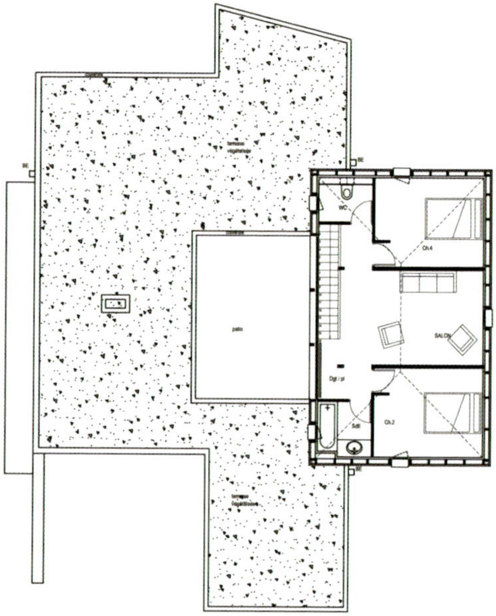

Etage

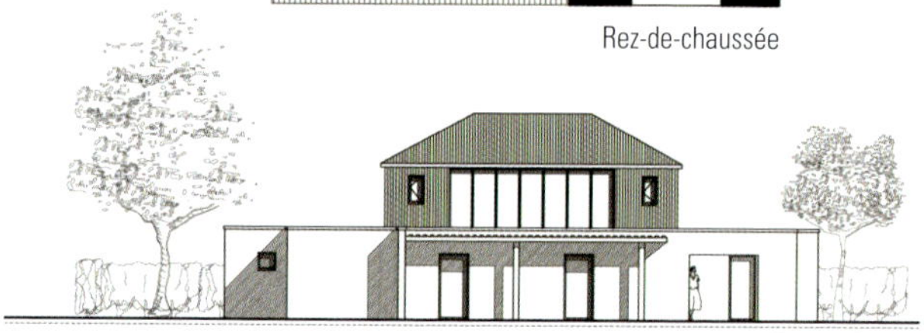

Façade Ouest

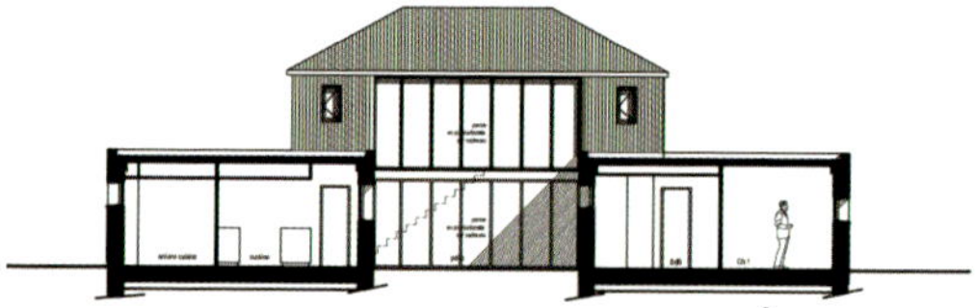

Coupe

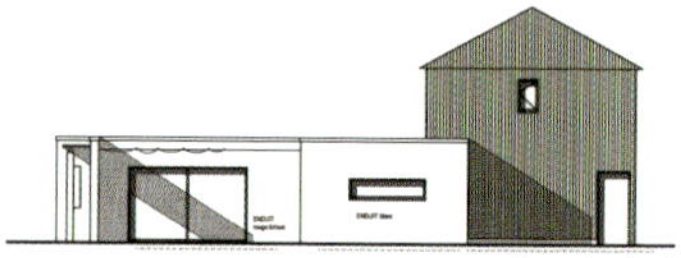

Façade Sud

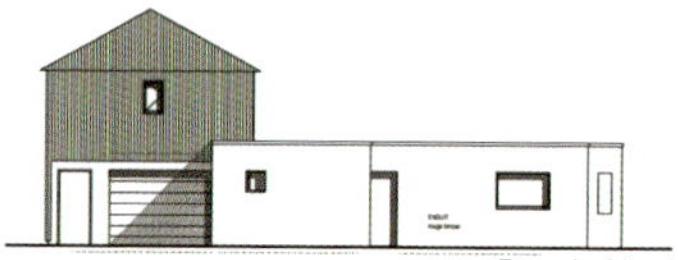

Façade Nord

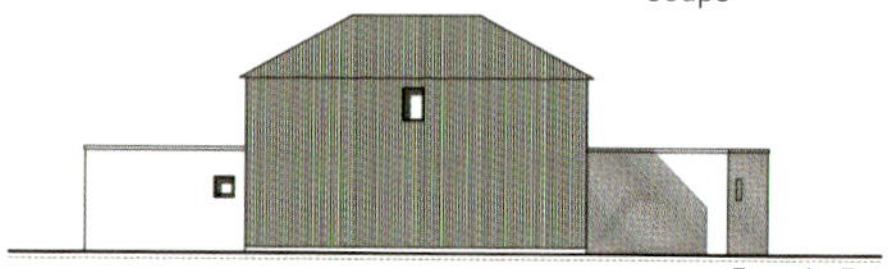

Façade Est

Focus technique

LA VENTILATION DOUBLE FLUX

Ce système de ventilation, très courant en Europe du Nord, est basé sur le principe de l'échange thermique. L'air vicié et chaud qui sort de la maison vient réchauffer l'air froid entrant. « La ventilation mécanique contrôlée (VMC) double flux a l'avantage d'assurer un bon renouvellement d'air tout en récupérant la chaleur du rayonnement solaire mais aussi celle du chauffage, de la cuisine et même celle dégagée par les habitants de la maison, souligne Pierre-Emmanuel Le Prisé. L'échange thermique est optimisé lorsque l'écart entre l'air extérieur et l'air entrant se situe entre 4 à 6 °C. » Lorsqu'on parle d'un rendement de 90 %, cela signifie que 90 % des calories de l'air sortant sont récupérées. Son coût : entre 2 000 et 3 000 €, pose comprise. Certains modèles autrichiens très performants, installés dans les maisons passives très étanches, assurent aussi le chauffage de l'eau sanitaire.

Le regard d'un thermicien sur... la VMC (ventilation mécanique contrôlée)

C'est la réglementation sanitaire départementale qui fixe les arrivées d'air minimum et l'obligation d'en faire usage. Dans les maisons sur-isolées, avec de surcroît une parfaite étanchéité à l'air, ce n'est pas l'humidité qui est compliquée à gérer mais bien le renouvellement de l'air. La qualité de l'air est importante pour la santé humaine. Un point qui ne doit plus être négligé aujourd'hui est la gestion des points de rosée (phénomène de condensation) et leurs impacts sur l'apparition de désordres ultérieurs dans le bâti. Sur ce point, une cloison perspirante a son intérêt, mais il est limité en matière d'apport d'air frais.

Deux solutions existent pour renouveler l'air dans l'habitat :

- *ouvrir les fenêtres deux fois par jour avec des courants d'air pendant cinq minutes ;*
- *s'équiper d'une ventilation mécanique qui peut aujourd'hui travailler par pièce ou selon le besoin, comme la VMC hygroréglable qui régule le taux d'humidité. Avec la double flux (famille des VMC), il faudra être très vigilant sur le calibrage et penser à la maintenance des conduits de soufflage.*

Ce qu'en pensent les propriétaires

« Je me suis beaucoup posé de questions sur l'efficacité des solutions techniques à mettre en œuvre pour être le plus économe en énergie. Les informations que j'ai trouvées, très diffuses, ne m'ont pas vraiment aidé à faire un choix. La volonté d'éliminer un système électrique comme source de chauffage, au rez-de-chaussée, nous a orientés vers la Pac. L'appoint électrique ne me choque pas car il correspond à un usage occasionnel. Le règlement d'urbanisme ne nous a pas aidés sur ce projet. La construction écologique se développerait peut-être mieux si les contraintes réglementaires lui étaient plus favorables. »

Ossature bois et mur en polycarbonate pour la partie à l'étage, habitée occasionnellement.

Données techniques

■ Equipe de maîtrise d'œuvre

Architecte : Pierre-Emmanuel Le Prisé
Date de livraison : février 2009
Durée des études : 12 mois
Durée des travaux : 16 mois
Localisation : Bruz, Ille-et-Vilaine (35)
SHON : 214 m²
Coût au m² : 1 630 € TTC

■ Evaluation de la partie autoconstruite : 85 000 €

■ Ventilation des coûts lot par lot :

Gros œuvre : 76 000 €
Charpente, couverture : 43 450 €
Menuiseries extérieures : 31 275 €
Menuiseries intérieures : 6 083 €
Chauffage : 13 896 €
Electricité : 6 582 €
Plomberie, sanitaires : 6 602 €
Revêtement de sol, faïences : 7 245 €
Ravalement : 5 365 €
Plancher chauffant : 2 640 €
Plâtrerie 10 462 €
TOTAL HT : 209 602 €
TVA 19,6 % : 41 082 €
TOTAL TTC : 250 685 €

■ Consommation énergétique

Non communiquée

■ Techniques et équipements

- Chauffage

Plancher chauffant à circulation d'eau chaude à très basse température pour 125 m² de la surface du bâtiment. L'eau est chauffée par une pompe à chaleur à échangeur air-eau. Complément dans les pièces à usage temporaire par radiant à énergie électrique directe.
Coût des équipements : 13 896 € HT + Dalle d'accumulation : 2 640 € HT

- Système constructif

Partie en maçonnerie de type brique de terre cuite Monomur montée au mortier-colle, d'épaisseur 375 mm, de résistance thermique 2,53 k/w
Partie en bardage sur ossature bois, ossature bois de 150 mm d'épaisseur, bardage extérieur métallique, doublage plaque de plâtre, isolant au total 200 mm

- Menuiseries

Sur bâti en aluminium laqué à rupture de ponts thermiques, vitrage 4/16/4 ou 44.2/12/4 avec gaz argon Uw à 1.8 W/m².K

Maison à très basse consommation

Architecte
FRANÇOISE LEGENDRE

Derrière un portail aux lignes épurées, le terrain tout en longueur s'étire dans le fond d'une paisible impasse. Nous sommes au Minihic-sur-Rance (Ille-et-Vilaine) dans une zone d'estuaire entre terre et mer. En 2004, Françoise a acquis cette parcelle de 1 060 m² très arborée pour y construire sa maison. Sensible aux questions environnementales, la jeune femme imagine des formes contemporaines, une bonne isolation, des matériaux sains et un habitat bioclimatique qui vit à l'heure du soleil. Françoise, qui travaille souvent chez elle, veut maximiser les apports solaires et bénéficier de lumière naturelle partout.

Pour réaliser son projet, il faudra faire avec un règlement d'urbanisme peu favorable : hauteur d'égout à 4,50 m, bande de retrait au nord de 3 m ou de 0, etc. Ces éléments impulsent les grandes lignes : le toit monopente, l'allure étirée du volume principal ou encore l'implantation du mur nord en limite de terrain.

Des boîtes encore des boîtes

Nichées dans les haies de charmes et de chênes, ses formes simples, bardées de bois, lui donnent des airs de cabane sophistiquée. Le toit monopente en zinc coiffe le volume principal. Une forme trapézoïdale à laquelle s'ajoutent deux cubes : la cuisine et la chambre. Une troisième « boîte » abrite le garage.

« Nous avons fait le choix d'une structure évolutive : il est possible d'étendre la surface initiale de 160 m², en ajoutant une boîte supplémentaire, entre le garage et la maison actuelle », confirme l'architecte. Cette modularité s'applique au volume général tout comme aux espaces intérieurs, afin d'optimiser la surface utile et son exposition.

Pour cette construction bois bioclimatique, l'architecte a dû s'accommoder d'un terrain complexe tout en longueur, situé dans une impasse du centre-bourg. Le couloir de nage, longiligne, accentue la profondeur du jardin qui paraît plus vaste. Le toit monopente donne une forme élancée au bâtiment.

Les lames du bardage en Red Cedar et en pin Douglas sont posées en alternance à l'horizontale et à la verticale afin d'alléger les volumes.

« Avec ce découpage, on n'est pas très bon en compacité. Mais le terrain étroit (20 m de large) ne permettait pas d'envisager un volume de type grange souhaité au départ », reconnaît l'architecte.

À l'intérieur, un système de cloisons coulissantes modèle les pièces et leurs ouvertures. « On peut en effet isoler le salon de la cuisine pour plus d'intimité ou, au contraire, jouer sur les espaces uniques. On ne perd rien de la lumière du soleil. La maison évolue ainsi au rythme de la journée », décrit Françoise Legendre.

Soleil de l'est dans la chambre principale, le matin. Bureau plein sud pour éviter la surchauffe à l'ouest, en fin d'après-midi. Coin repas et séjour, au sud-sud-ouest, baignés par le soleil de midi… Le volume carré de la cuisine bénéficie d'une triple exposition est-ouest-sud. Pour un usage agréable du matin au soir.

Format paysage

Fidèle aux prescriptions du maître d'ouvrage, cette architecture donne sa toute-puissance à la lumière naturelle : les larges fenêtres de l'étage s'ouvrent sur le lointain ; les fentes lumineuses au rez-de-chaussée et dans l'escalier apportent clarté et angle de vue ; de longs écrans vitrés encadrent le paysage, « comme des tableaux », décrit Françoise.

Dans le salon, une double baie au sud est protégée par une voile dorique tendue en été. Cette protection apporte ombre et fraîcheur à la terrasse de 90 m^2, pièce extérieure qui prolonge le salon en été.

Toujours dans ce même salon, une bande filante à l'ouest apporte de la profondeur de champ. Le mur nord accolé aux haies mitoyennes a été traité en polycarbonate. « Il est posé comme une menuiserie. Ses qualités d'isolation et d'étanchéité sont intéressantes. Il apporte une lumière translucide très agréable, explique l'architecte. »

Derrière ce mur, circule une coursive, véritable réservoir de fraîcheur en été. Ce dispositif de ventilation naturelle laisse l'air frais entrer et l'air chaud sortir par des vasistas placés en hauteur.

L'escalier débouche à l'étage sur un bureau-mezzanine.

Dans le salon, une bande filante à l'ouest apporte de la profondeur de champ et dégage une vue sur le couloir de nage.

Dans le salon, une double baie au sud est protégée par un débord de toit et une toile tendue en été. Cette voile apporte ombre et fraîcheur à la terrasse de 90 m².

Bonne élève

La structure de la maison est en pin Douglas, bois de classe 4, très résistant et sans traitement. Le bardage alterne des parties en Red Cedar et d'autres en Douglas. « Le bois naturel s'imposait pour l'ossature comme pour le parement car je recherchais une bonne isolation et des qualités environnementales, note le maître d'œuvre. J'ai choisi deux essences en alternance car je voulais un effet de clins horizontaux pour les petits volumes et des lames plus sobres posées à l'horizontale pour le volume majeur. En 2005, à l'époque des travaux, les lames proposées en Douglas purgés d'aubier faisaient "chalet"... Aujourd'hui, l'offre s'est étoffée. »

Une double épaisseur de laine de lin et de chanvre isole les murs et le toit. Au sol, une dalle béton-chanvre a été coulée puis recouverte de béton ciré au savon noir et à l'huile de lin. D'une épaisseur de 25 cm, elle apporte l'inertie qui fait défaut à l'ossature bois. En matière de chauffage, Françoise a mis le paquet pour garantir le confort recherché : une pompe à chaleur par géothermie verticale, un puits canadien et un poêle à insert dans le salon. Ces sources variées de chaleur apportent largement les 5 à 6 °C qui manquent à la température ambiante en hiver... La facture d'électricité confirme le résultat du diagnostic de performance énergétique : 30,97 kWhep/m²/an. La note A n'est pas volée...

Focus technique

LA PERSPIRANCE DES MURS

Les murs en ossature bois sont isolés avec 10 cm de laine de lin et 5 cm de laine de chanvre. L'architecte a joué sur la complémentarité de ces matières isolantes : « Pour ses qualités thermique et hygroscopique, on place plutôt le lin à l'extérieur. Le contreventement est une plaque d'OSB recouverte d'un pare-pluie. Le chanvre, placé vers l'intérieur, présente une régularisation automatique de l'humidité. Le doublage intérieur des murs est réalisé en plaques de gypse-cellulose fixées sur des tasseaux. Plus cher que le doublage classique (20 €/m2), ce matériau « sain » (issu du recyclage du papier journal) est perspirant.
Il régule naturellement l'hygrométrie d'un bâtiment et laisse passer la vapeur d'eau vers l'isolant naturel lui-même perspirant. Il est donc préférable d'éviter le pare-vapeur. Cette membrane étanche posée avant l'isolant ferait barrière à la vapeur d'eau et retiendrait l'humidité dans le mur. Le débat reste ouvert. Pour ma part, j'ai opté pour un frein-vapeur (autre qualité de membrane moins étanche) dans les pièces humides. »

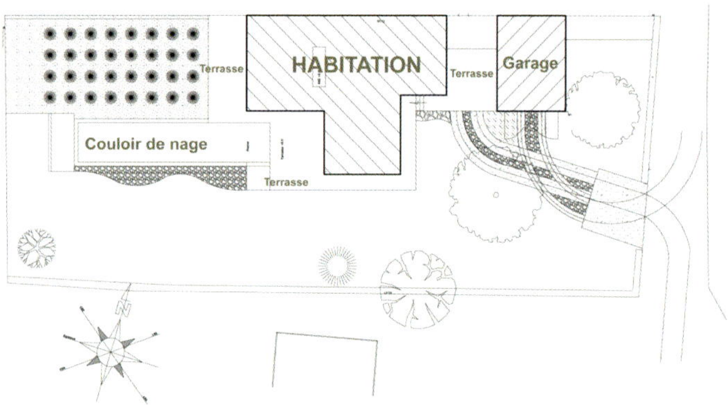

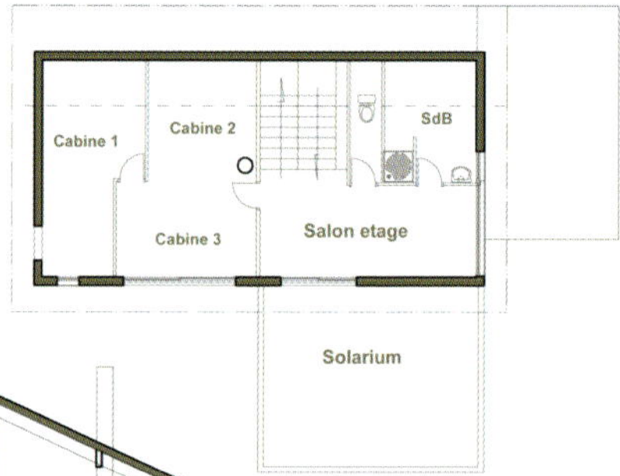

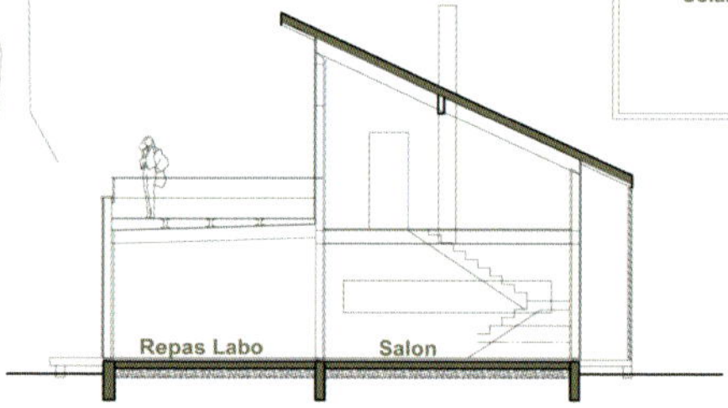

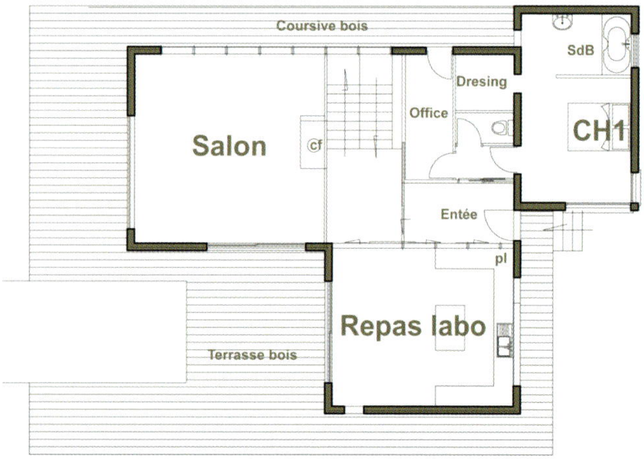

Ce qu'en pensent les propriétaires

« Si c'était à refaire, cinq ans plus tard, j'ajouterais une couche extérieure de 5 cm (de fibre de bois) au manteau de la maison et basta ! Les apports solaires passifs et la cheminée suffisent à mon confort thermique. La pompe à chaleur est tombée en panne durant une semaine alors que nous étions partis. A notre retour, le thermomètre affichait 16 °C. En allumant la cheminée, la température est montée à 19,5 °C au rez-de-chaussée. Je pense qu'un appoint électrique en cas de grands froids dans les chambres ferait l'affaire. La meilleure des énergies, c'est celle que l'on ne consomme pas, non ? Quant au puits canadien, ce n'est pas adapté au climat tempéré de notre région. Compte tenu du coût d'installation et d'entretien, ce n'est pas rentable. »

Le regard d'un thermicien sur… le DPE (diagnostic de performance énergétique)

Depuis plus d'un an, les propriétaires de bâtiments neufs doivent, au plus tard le jour de la réception, avoir en leur possession un DPE (diagnostic de performance énergétique).
Ce document, très visuel, comporte notamment une mesure de la consommation sur trois postes de dépense (le chauffage, l'eau chaude sanitaire et le refroidissement) et l'émission de CO_2 (acteur essentiel du réchauffement climatique). Nous devons nous féliciter de cette avancée ; entre les calculs théoriques imposés par la réglementation thermique souvent exécutés au moment du dépôt du permis de construire et les solutions retenues après les appels d'offres, un recadrage est nécessaire. Ce contrôle permet de noter l'installation en effectuant un pointage entre la réalisation et le prévisionnel. Par exemple, la décision d'intégrer un chauffage électrique d'appoint pour une partie de la surface n'aura pas d'impact réel sur la facture d'électricité mais un rôle important sur l'étiquette énergétique.

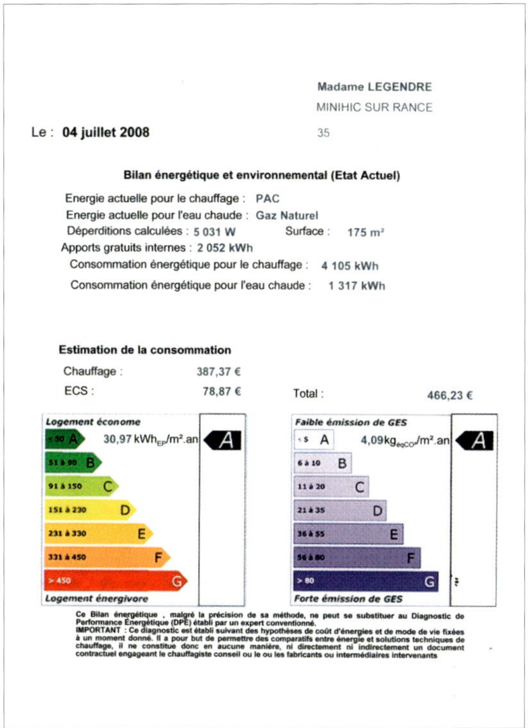
Madame LEGENDRE
MINIHIC SUR RANCE
35

Le : **04 juillet 2008**

Bilan énergétique et environnemental (Etat Actuel)

Energie actuelle pour le chauffage : PAC
Energie actuelle pour l'eau chaude : Gaz Naturel
Déperditions calculées : 5 031 W Surface : 175 m²
Apports gratuits internes : 2 052 kWh
Consommation énergétique pour le chauffage : 4 105 kWh
Consommation énergétique pour l'eau chaude : 1 317 kWh

Estimation de la consommation

Chauffage : 387,37 €
ECS : 78,87 €
Total : 466,23 €

Logement économe
≤ 50 A — 30,97 $kWh_{EP}/m^2.an$ — A
51 à 90 B
91 à 150 C
151 à 230 D
231 à 330 E
331 à 450 F
> 450 G
Logement énergivore

Faible émission de GES
≤ 5 A — 4,09 $kg_{eqCO2}/m^2.an$ — A
6 à 10 B
11 à 20 C
21 à 35 D
36 à 55 E
56 à 80 F
> 80 G
Forte émission de GES

Ce Bilan énergétique , malgré la précision de sa méthode, ne peut se substituer au Diagnostic de Performance Énergétique (DPE) établi par un expert conventionné.
IMPORTANT : Ce diagnostic est établi suivant des hypothèses de coût d'énergies et de mode de vie fixées à un moment donné. Il a pour but de permettre des comparatifs entre énergie et solutions techniques de chauffage, il ne constitue donc en aucune manière, ni directement ni indirectement un document contractuel engageant le chauffagiste conseil ou le ou les fabricants ou intermédiaires intervenants

La maison côté rue, on distingue la partie principale et les deux « boîtes » qui abritent la cuisine-salle à manger et la chambre.

Données techniques

■ Equipe de maîtrise d'œuvre
Architecte : Françoise Legendre, Architecture et Environnement
Date de livraison : juillet 2006
Durée des études : 8 mois
Durée des travaux : 7 mois
Localisation : Le Minihic-sur-Rance, Ille-et-Vilaine (35)
SHON : 160 m²
Coût au m² : 1 500 € TTC

■ Consommation énergétique
31 kWh/m²/an soit 450 €/an de facture de chauffage.

■ Techniques et équipements
• Chauffage
Chauffage basse température par géothermie avec forage vertical
Fourniture + Pose : 17 000 € HT
• Système constructif et isolation des murs et du toit
Isolation verticale : 10 cm de laine de lin + 5 cm de laine de chanvre
Isolation toiture : 20 cm de laine de lin
Fourniture uniquement : 8 160 € HT
• Menuiseries
Menuiseries bicolores en aluminium à rupture de ponts thermiques et vitrage isolant 44.2.16.4 peu émissif avec argon F + P : 12 000 € HT

Rénovation et extension écologique

Architecte
DAVID JOUQUAND
REMINGTON STYLE

On peut dire qu'au jeu de l'avant/après l'architecte David Jouquand a réussi son coup. Derrière ces volumes contemporains tout habillés de zinc et de bois, on est loin de penser que se cache une néo-bretonne pur jus. Avec toit en ardoise, pignons et murs blancs, encadrement des fenêtres en granit.

Détruire ou conserver ?

En 2005, les propriétaires font l'acquisition de cette maison située dans un quartier résidentiel de Vannes comme résidence secondaire. Puis, pour des raisons familiales, le couple de retraités décide de quitter Rennes et de s'y installer.

Il faut alors arbitrer entre la tentation de démolir pour reconstruire ou bien rénover et étendre l'existant. Par ailleurs, le couple souhaite favoriser les énergies renouvelables pour la production d'eau chaude et d'électricité.

Les convictions des propriétaires et de l'architecte font basculer le projet vers la seconde alternative : faire du neuf et du durable avec l'existant. Cette opération ambitieuse apportera une forte plus-value esthétique et écologique au pavillon s'il doit être un jour revendu.

Comme dans un cocon

Plus qu'une rénovation, l'architecte propose une métamorphose. Le projet consiste à transformer et agrandir cette habitation afin qu'elle paraisse, au final, entièrement neuve et contemporaine.

La problématique de la basse consommation s'inscrit pleinement dans la proposition : économe en énergie, la future maison, très ouverte et lumineuse, doit être parfaitement isolée.

Derrière ces volumes contemporains habillés de zinc et de bois, on est loin de penser que se cache une néo-bretonne. C'est pourtant le cas. Jouant sur l'habillage et l'équilibre des volumes, l'architecte a parfaitement intégré l'extension à la partie ancienne, reliées entre elles par un large corridor.

La maison avant travaux.

Et après. Ici la façade, côté rue avec ses panneaux photovoltaïques sur le toit.
Le bardage bois n'a pu être traité en châtaignier comme prévu mais en pin Douglas.

Après un diagnostic de l'existant, David Jouquand préconise de reprendre à zéro l'isolation des murs de la partie ancienne, en la réalisant par l'extérieur.

En effet, la façade en parpaing est simplement recouverte d'un enduit et doublée au plâtre à l'intérieur. Une passoire… « La technique envisagée ici consiste à créer une peau extérieure (à base de laine de verre) autour de la structure puis de recouvrir d'un bardage de bois, explique l'architecte. Pour l'extension en ossature bois, l'isolation est répartie classiquement entre les ossatures (12 cm de laine de roche) et le doublage intérieur en plaques de plâtre. » Le bardage réalisé en pin Douglas et en zinc habille le tout, sans qu'on puisse distinguer l'ancien du neuf.

L'isolation de la toiture de la partie ancienne, suffisamment performante, n'a pas été reprise. Pour l'extension, elle a été réalisée avec 240 mm de laine de verre entre le faux plafond et la couverture en zinc.

L'extension en forme de L vient rejoindre la partie ancienne au niveau de la cuisine.

A gauche : Double hauteur dans le salon éclairé par de larges baies coulissantes tournées vers le jardin.

A droite : Le zinc et le bois sont traités de façon très contemporaine en bardage ou parquet d'extérieur. Ces deux matériaux ont été choisis car ils évoquent les appentis et les abris de jardins d'autrefois.

Harmonie et économie

La recherche d'une harmonie globale et d'un équilibre des formes a suscité l'émergence de certains volumes. Ainsi, l'architecte a créé un comble habitable qui se détache du toit de la partie neuve. A l'intérieur, il apporte de l'espace à la pièce principale en augmentant la hauteur sous le plafond. En extérieur, il répond symétriquement à l'étage de la partie ancienne. Cette astuce architecturale a aussi une vocation technique : supporter les panneaux solaires photovoltaïques (12 m^2) qui produisent environ 1 500 kWh/an et les capteurs thermiques (4 m^2) qui couvrent 70 % du chauffage de l'eau sanitaire. L'électricité produite n'est pas utilisée directement mais revendue à EDF.

La qualité de l'isolation et de l'ensoleillement a modifié le mode de chauffage des propriétaires, qui utilisaient autrefois des convecteurs électriques. « La cheminée équipée d'un insert suffit à chauffer le rez-de-chaussée où nous vivons principalement. Pour les grands froids, nous sommes équipés d'un plancher chauffant basse température électrique », souligne le propriétaire. Le gain en confort thermique est sensible. La baisse de la facture énergétique aussi : leur nouveau « chez-eux » consomme 60 kWh/m^2/an, chauffage inclus.

Vides et pleins

Si cette architecture joue résolument le parti pris de l'horizontalité, David Jouquand ne s'est pas privé de quelques jeux de pleins et de vides. Côté rue, sept ouvertures régulières et verticales donnent du rythme au grand mur de la façade, prolongé par l'extension de la maison. Côté jardin, la façade découpée par de larges baies vitrées est organisée autour d'un patio-terrasse en forme de U.

Les parties ancienne et nouvelle de la maison sont reliées par un large vestibule qui reçoit à la fois une lumière zénithale et traversante. Cette pièce rectangulaire, sorte de cordon ombilical, fait office de salle à manger et de pièce de vie. A l'une de ses extrémités, on trouve la cuisine ouverte et tournée vers le jardin. A l'autre bout, une pièce de jeux qui s'est transformée à l'usage. Séduits par l'ambiance zen de cette pièce tournée vers l'extérieur, les propriétaires en ont fait leur propre chambre. Une cheminée intégrée dans un mur épais fait office de séparation avec la pièce principale. Les chambres des enfants et les sanitaires sont restés à l'étage de la néo-bretonne. La métamorphose est réussie.

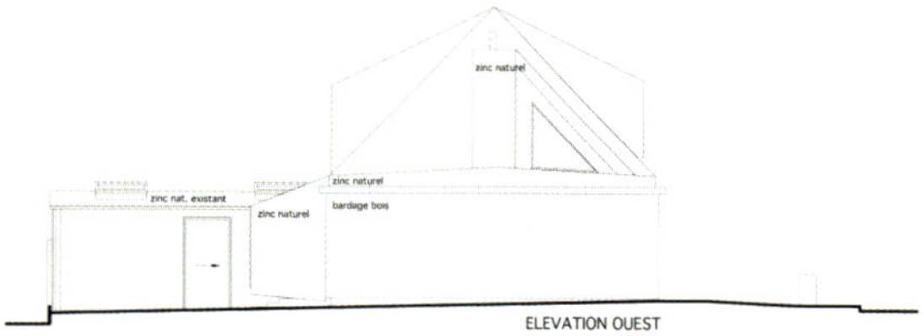

ELEVATION OUEST

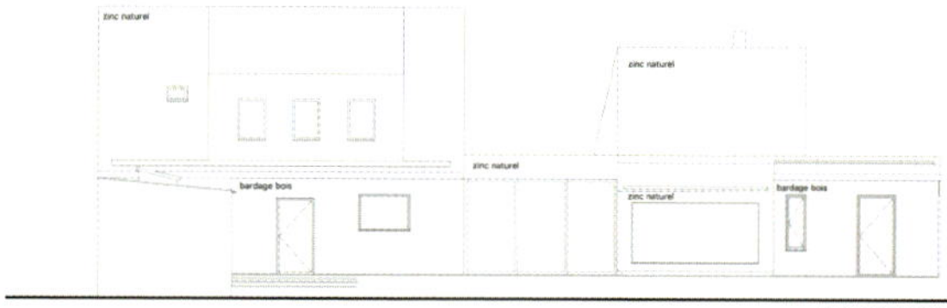

ELEVATION NORD

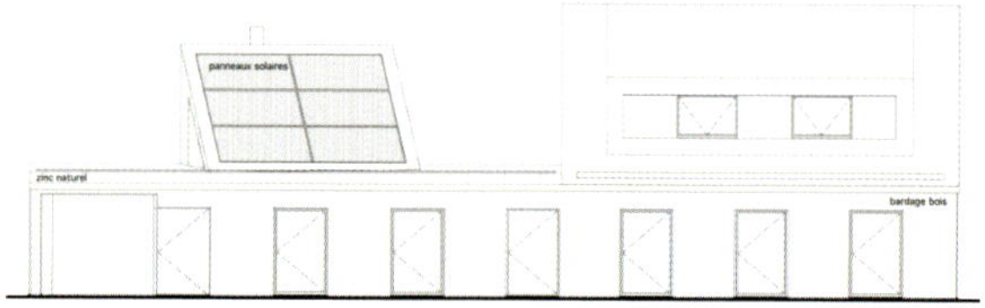

ELEVATION SUD sur RUE

Focus technique

L'ISOLATION PAR L'EXTÉRIEUR

« La base d'une maison bioclimatique, passive, BBC (Bâtiment basse consommation), c'est une bonne isolation. L'isolation par l'extérieur réduit de manière très importante les ponts thermiques, c'est-à-dire les transmissions énergétiques entre l'extérieur et l'intérieur », souligne l'architecte. Sans grignoter de surface… ce qui n'est pas négligeable au prix actuel du m² habitable.

C'est une bonne solution dans le cas d'une rénovation. En effet, la partie ancienne construite en parpaing devait être à la fois isolée et ravalée en façade, d'où l'intérêt de cette technique qui permet de faire les deux à la fois. Une peau extérieure isolante a été fixée sur le mur en parpaing, habillé ensuite d'un parement : le bardage en pin. L'architecte a choisi des lattes de Douglas, posées à l'envers afin de contrer l'effet de monotonie. L'extension et la partie ancienne sont ainsi bien intégrées.

L'isolation par l'extérieur engendre un surcoût par rapport à une isolation par l'intérieur. La mise en place de la seconde peau alourdit la facture. Mais il faut tenir compte du traitement de la façade, et il est intéressant de rapprocher son coût (parpaing + doublage intérieur non isolant + isolant extérieur + bardage bois : 240 à 260 € HT) à celui d'une isolation classique avec le surplus du traitement de la façade (parpaing + enduit monocouche extérieur + doublage isolant intérieur : 160 à 180 € HT/m²).

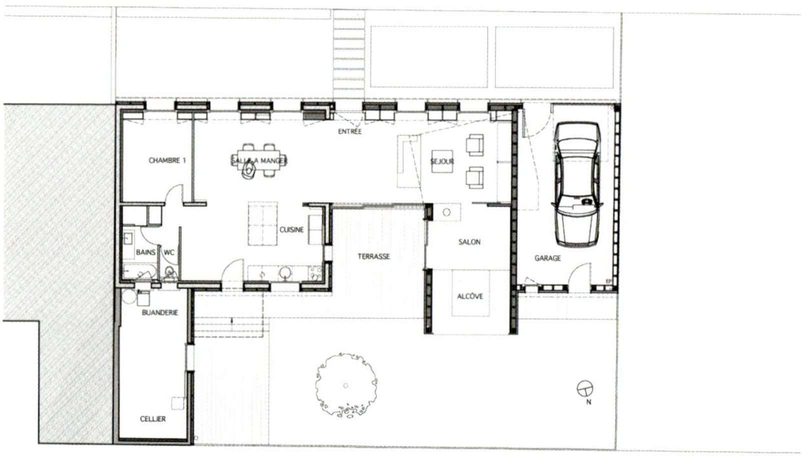

Le regard du thermicien sur… l'isolation par l'extérieur

Pour rénover un bâtiment et atteindre la meilleure performance énergétique, il faut isoler. Le choix s'oriente vers l'isolation extérieure, car les modes constructifs du bâtiment sont souvent incompatibles avec les critères actuels. Par exemple, avant 1980, le bâtiment ne se préoccupait pas des ruptures de ponts thermiques. Ce terme exprime les parties constituant la jonction des différents matériaux (exemple : le linteau d'une fenêtre) ; ils doivent être isolés. L'isolation par l'extérieur facilite le traitement thermique de ces bâtiments. Attention, toutefois ! Il faut, dans ce cas, bien étudier la ventilation.

La terrasse-patio abritée par le volume de la cuisine et celui de la chambre.

Données techniques

■ Equipe de maîtrise d'œuvre

Architecte : David Jouquand, Remington Style
Date de livraison : octobre 2006
Durée des études : novembre 2005
Durée des travaux : 8 mois
Localisation : Vannes, Morbihan (56)
SHON : 109 m^2 existants + 43 m^2 projet
Coût au m^2 : 1 426 € TTC

■ Evaluation de la partie autoconstruite

Terrasses, peinture, parquet : 15 000 € TTC

■ Ventilation des coûts lot par lot (TTC)

Gros œuvre : 7 830 €
Démolitions : 6 350 €
Terrassements : 4 320 €
Fondations : 5 000 €
Charpente : 28 800 €
Couverture, étanchéité : 36 800 €
Menuiseries extérieures : 20 900 €
Menuiseries intérieures : 30 560 €
Chauffage, ECS + Solaire photovoltaïque : 26 070 €
Electricité : 9 750 €
Plâtrerie : 6 530 €
Peinture : 5 300 €
Traitement des eaux pluviales : 4 730 €
Fumisterie : 8 800 €
Total : 201 740 €

■ Consommation énergétique

50 à 60 kWh/m^2/an, chauffage inclus

■ Techniques et équipements

• Chauffage

Chauffage électrique par le sol, panneaux Hora
Chauffage eau chaude sanitaire par 4 m^2 de panneaux solaires + relais électrique
Production d'électricité par 8 m^2 de panneaux photovoltaïques

• Système constructif et isolation des murs et du toit

Isolation par l'extérieur sur la partie existante, ossature bois sur l'extension, bardage bois Douglas et bardage zinc prépatiné « quartz »
Isolation 100 mm laine de verre dans les parois
Isolation toiture 240 mm laine de verre

• Menuiseries

Aluminium pour les bardages zinc et bois pour les bardages bois
Aménagements intérieurs en placage wengé, parquet en bambou

Ce qu'en pensent les propriétaires

« Tout est pensé pour intégrer la nouvelle maison à l'ancienne et montrer que l'on peut faire du neuf écologique avec de l'ancien, souligne le maître d'ouvrage. Nous avons une surface totale de 130 m^2. Les besoins de chauffage sont minimes. Nous récupérons l'eau de pluie dans une citerne de 7 m^3 localisée sous la terrasse. Un système de traitement de l'eau nous permet de l'utiliser pour les WC, l'arrosage, le lavage du linge et la douche. Nos besoins sont couverts à 75 %.
Côté pratique, tout est à portée de mains, c'est très facile à vivre. Le jardin est très présent. Parfois des curieux qui passent dans la rue nous interpellent. Très différente des autres bâtisses du lotissement, elle suscite bien des questions. Cela tourne autour de l'intimité et de la visibilité en raison des nombreuses ouvertures côté rue. Si l'on veut s'isoler, on ferme les rideaux, voilà tout.
Grâce à la qualité des vitrages, nous ne sommes pas aussi visibles que cela y paraît. »

Le jardin conserve l'authenticité des cours d'antan, bousculées toutefois par des détails très modernes comme ici, l'écran vitré dans la chambre des propriétaires.

Maison tempête

Architecture solaire passive et isolation différenciée

Architectes
JACQUES HENRY
ET ISABELLE LE NEN

A Saint-Pol-de-Léon, le régime des vents est complexe… Dans ce pays finistérien, les tempêtes viennent du sud et les vents de beau temps du nord-ouest. Connaissant l'âpreté de ce climat, Nolwenn et Régis souhaitaient une maison chaleureuse, spacieuse mais économe en énergie. Un cocon facile à vivre pour eux et leurs trois enfants. Le dernier-né est arrivé depuis peu et ce jeune couple de commerçants doit jongler avec une vie professionnelle intense.

Avec les architectes, les présentations sont faites depuis longtemps. Tout le monde se connaît dans la capitale du Léon. Jacques Henry a réalisé une extension pour les parents de Nolwenn.

Avant la moindre esquisse, le projet a déjà un atout : le terrain, 1 500 m² enclos par un haut mur de pierres qui assure une belle protection contre les intempéries. Ces vieilles pierres témoignent aussi du passé : ce jardin de ville était autrefois le potager de l'ancien couvent des Ursulines.

L'importance du scénario

« Nous leur avons laissé une grande liberté dans la formulation architecturale, explique Nolwenn. Nos exigences portaient principalement sur la fonctionnalité du projet. »

« Le volume naît essentiellement des usages, souligne Isabelle Le Nen. A partir du mode de vie de la famille, nous avons étudié différents scénarios pour en retenir un : l'espace commun complètement décloisonné en bas (hormis la chambre parentale et sa salle de bains), où la communication est facilitée y compris vers le jardin. Une avancée du salon délimite deux terrasses (sud-sud-est et ouest)

Une parcelle de 1500 m², située à deux pas du centre commerçant de Saint-Pol-de-Léon. Les propriétaires n'ont pas longtemps hésité à acheter ce terrain pour construire la maison familiale dont ils rêvaient, fonctionnelle, contemporaine et économe en énergie.

Au nord, l'entrée, le garage et les espaces de services constituent un espace tampon entre l'extérieur et la partie la plus habitée de la maison.

A droite : Le terrain est ceint par un haut mur de pierres, vestige de l'ancien couvent des Ursulines.

qui s'utilisent alternativement en fonction de l'heure de la journée et de la saison. L'espace des enfants se situe à l'étage. »

Ces choix dessinent les grandes lignes de la maison : un socle rectangulaire – enduit gris, bardage bois et verre – ancré dans le sol, sur lequel vient s'imbriquer un volume à toit monopente entièrement bardé de zinc. Le toit

Le débord de toit protège des surchauffes en été.

plat végétalisé accentue l'horizontalité de ce rez-de-chaussée qui se prolonge en une succession de plans : les toitures, les terrasses, le jardin…

Les flèches du Kreisker et de la cathédrale

Sur les bases d'une architecture bioclimatique, les architectes ont proposé une isolation différenciée (plus légère et par l'intérieur au sud, renforcée et par l'extérieur au nord) et une variété de matériaux adaptés (ossature bois, parpaing, brique de terre cuite). Le système constructif s'adapte aux usages et aux orientations de chaque espace.

Une étude précise des microclimats a permis d'affiner l'implantation. On pénètre dans la maison par la façade nord. Les deux baies fixes qui encadrent la porte d'entrée laissent filer une lumière douce naturelle dans le hall ouvert sur la vaste pièce principale (80 m^2).

Assis dans le canapé du salon, on aperçoit les flèches de la chapelle du Kreisker et de la cathédrale par une généreuse baie vitrée, plein sud (6 m par 2,40 m). Protégée des surchauffes d'été par une marquise, cette façade en rideau réchauffe le séjour en hiver. Le soir, la flamme d'une cheminée contemporaine devient le pôle d'attraction de la famille.

Les architectes ont gardé apparents des éléments porteurs de la structure. Comme ces deux poteaux en béton qui organisent la circulation et créent des espaces plus intimes. La présence ponctuelle des poutres en bois anime l'atmosphère. La lumière naturelle arrive aussi par l'ouest grâce aux ouvertures du coin cuisine. Cette cuisine ne saurait être aussi minimaliste sans son arrière-cuisine. La botte secrète des espaces décloisonnés contemporains !

Un manteau de bruyère

Pour le confort thermique, Nolwenn et Régis ont opté pour un plancher chauffant et des radiateurs basse température, alimentés par une chaudière gaz à condensation.

Jacques Henry a insisté sur la VMC double flux pour contrôler l'hygrométrie. « Le volume d'air est renouvelé par moitié toutes les heures. Quelles que soient les conditions climatiques, il entre un air sec qui apporte 2 à 3 °C supplémentaires. Pour gagner 2 °C, entre 18 et 20 °C, on consomme beaucoup d'énergie. D'où l'intérêt de la double flux couplée à la chaudière. » Sur le toit-terrasse, des panneaux solaires tubulaires (3 m2) chauffent l'eau sanitaire. La végétalisation va être réalisée avec de la bruyère. Une couche de 50 cm de terre recouvre la surface du toit dont l'étanchéité est assurée par un complexe multicouche. Ce manteau végétal maintient le toit à une température constante entre 14 et 15 °C. Isolant, il renforce l'inertie thermique de la partie nord et régule l'écoulement des eaux pluviales. Esthétique, le toit végétal contribue à l'intégration réussie de la maison dans ce carré de verdure.

Au sud, la façade en rideau profite des apports solaires passifs en hiver. Cette maison bioclimatique est équipée d'une pompe à chaleur air-eau.

Au rez-de-chaussée, le hall d'entrée débouche sur une vaste pièce à vivre de 80 m2 au design très contemporain. Les architectes ont opté pour un système constructif mixte en brique Monomur et ossature bois.

Rez-de-chaussée.

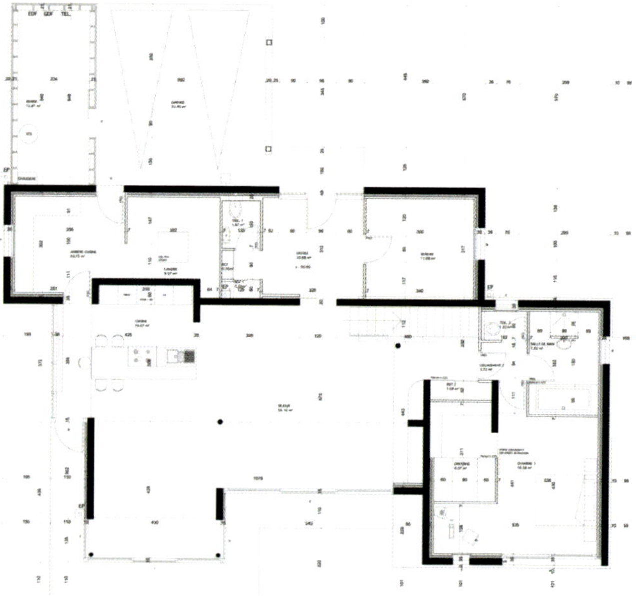

Etage.

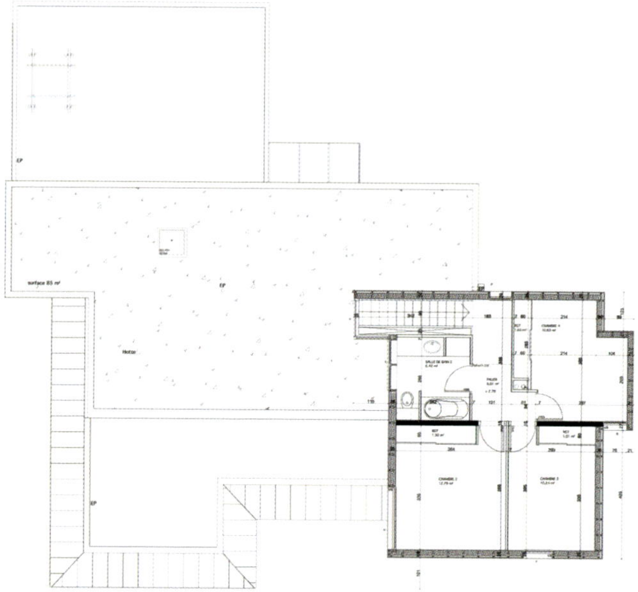

Le regard d'un thermicien sur… l'éclairage

L'éclairage artificiel est l'un des éléments pris en compte dans ce projet. Les maîtres d'œuvre étaient très favorables aux Leds (diode électro-luminescentes), réputées pour leur faible consommation électrique. A l'horizon 2012, les lampes à filament (incandescentes) ne seront plus distribuées. Il faut se préoccuper de l'éclairage naturel des volumes construits mais aussi de l'équipement des sources lumineuses de substitution. De la lampe fluorescente à la lampe à Led, il y a des fondamentaux à respecter :

– Adapter le choix de la lampe à l'usage (un WC n'a pas besoin du même équipement qu'un séjour).

– Vérifier la pertinence de l'investissement, une lampe fluocompacte est un déchet difficile à recycler alors qu'un tube fluorescent se recycle depuis longtemps. Son prix de vente est trois à quatre fois moins élevé qu'une lampe.

– Regarder la couleur de l'éclairage. Les Leds ont beaucoup de mal à être dans le jaune, alors que le tube a quatre ou cinq couleurs.

– Enfin, le temps d'usage donné ne tient pas compte des cycles d'extinction et d'allumage.

Ce qu'en pensent les propriétaires

« Le point le plus positif, c'est le bien-être que l'on ressent dans cette maison, souligne Nolwenn. Dans cette pièce de vie très spacieuse, je peux tout faire : regarder les enfants jouer dans le jardin, cuisiner, travailler… Tout est à portée de main et de vue. On travaille beaucoup, on a des enfants jeunes ; aussi, quand on est à la maison, on vit avec eux pleinement. Cet été, nous avons ouvert toutes les baies, on a profité à fond du jardin et de ce principe dedans-dehors. Le brise-soleil nous protège bien de la surchauffe. En hiver, on chauffe très peu : on règle le thermostat sur 16-17 °C et, en fait, la température réelle affiche plutôt 19-20 °C. »

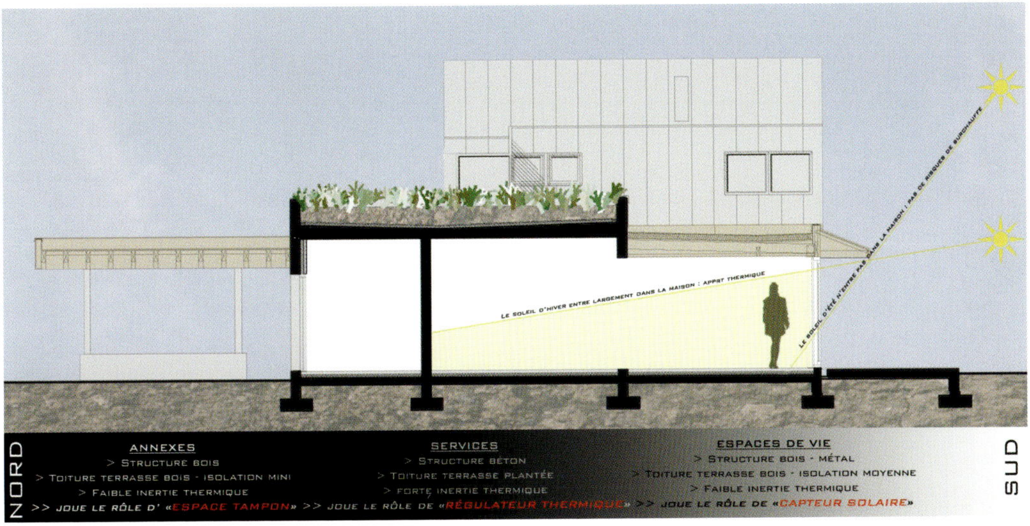

Schéma de fonctionnement d'une maison bioclimatique à isolation différenciée et système constructif mixte.

Focus technique

LE PRINCIPE D'ARCHITECTURE SOLAIRE PASSIVE

« Les différentes pièces sont positionnées en fonction de l'usage et de l'orientation. De la même manière, les différentes parties de la maison ont un mode constructif adapté à leur positionnement et leur usage, explique Isabelle Le Nen. Les annexes sont placées au nord pour jouer le rôle d'espace tampon (protection du vent, de la pluie…). Les pièces de services (arrière-cuisine, lingerie, bureau-salle de jeux) sont positionnées au nord, à proximité de l'entrée, et sont destinées à jouer le rôle de régulateur thermique, à la manière d'un mur Trombe. Leur forte masse thermique, obtenue par la structure béton et les 50 cm de terre sur le toit, permet d'emmagasiner la chaleur la journée et de la restituer le soir en hiver – et inversement en été. La partie sud accueille les espaces de vie (salon, salle à manger) dans un volume léger, en ossature bois-métal, et très largement vitré. Cela agit comme un « capteur solaire » et contribue largement au chauffage de la maison. Les apports solaires sont régulés par une marquise filante au sud, qui laisse entrer largement le soleil bas en hiver, afin de bénéficier de son apport thermique, et le bloque en été afin d'éviter les surchauffes. »

Données techniques

■ Equipe de maîtrise d'œuvre

Architectes : Jacques Henry et Isabelle Le Nen, Atelier d'Architecture et d'Aménagement
Date de livraison : septembre 2008
Durée des études : 10 mois
Durée des travaux : 12 mois
Localisation : Saint-Pol-de-Léon, Finistère (29)
SHON : 255 m^2
Coût au m^2 : 1 350 € TTC (SHON)

■ Ventilation des coûts lot par lot (TTC)

Gros œuvre : 89 003 €
Charpente, menuiseries : 101 098 €
Couverture : 47 676 €
Serrurerie : 1 614 €
Electricité : 14 318 €
Plomberie : 38 684 €
Revêtement de sols : 24 107 €
Peinture : 8 073 €
Plâtrerie RdC : 16 426 €
Total : 341 003 €

■ Consommation énergétique

50 kWh/m^2/an

■ Techniques et équipements

• Chauffage

Rez-de-chaussée par plancher chauffant à eau basse température, étage par radiateurs à eau chaude, alimentés par chaudière gaz à condensation
Chauffe-eau solaire 300 litres, alimenté par des capteurs tubulaires
Coût total du chauffage : 20 221 € HT

• Système constructif et isolation des murs et du toit

Matériaux de construction et d'isolation utilisés en fonction de l'usage et de l'orientation des pièces :
– partie nord rdc : maçonnerie (blocs de béton) et briques de terre cuite avec doublage laine minérale, toiture-terrasse plantée (40 cm de terre) apportant une forte inertie
– partie sud rdc : parois verticales entièrement vitrées, toiture-terrasse en structure bois, isolation du toit par laine minérale
– étage : ossature et charpente bois, isolation laine minérale + film aluminium

• Menuiseries

Menuiseries bois, double vitrage isolant (anti-émissif) feuilleté
Coût des menuiseries extérieures : 30 217 € HT

Maîtrise des ponts thermiques de l'ossature acier

Architectes
PATRICK FIOLLEAU
ET ARNAUD METTELET
ATOME ARCHITECTURE
ET ENVIRONNEMENT

Cette maison, c'est l'histoire d'un coup de cœur. Un coup de cœur pour ce terrain de 1 000 m² qui domine un vallon planté de vignes. Avec l'horizon dégagé à l'infini. Fabrice se souvient encore de ses premiers pas, ici, tout près de Saumur (Maine-et-Loire). « Sur le coup, je n'ai pas été convaincu par ce que je voyais : un sous-bois très dense et des ronces, partout ! Puis, en progressant un peu, j'ai découvert le vallon, le vignoble, la vue superbe… »

Le couple vit alors en campagne avec ses deux enfants dans une confortable maison ancienne, entièrement rénovée. Comme souvent, les maîtres d'ouvrage qui décident de quitter un habitat de caractère se dirigent instinctivement vers un projet d'architecte. « Le site a impulsé l'idée force du projet : orienter toutes les pièces de la maison vers le vallon et le vignoble, se souvient Christine. Nous souhaitions séparer la partie enfants de celle des parents par une pièce à vivre la plus spacieuse possible. On avait déjà en tête l'ossature métallique et la forme générale de la maison. L'architecte nous a permis de mettre ces envies en musique et de trouver un agencement intérieur. »

Une façade majeure

La silhouette se devine à peine depuis la route qui monte par les vignes. S'appuyant sur la limite constructible, l'architecte a étiré les lignes horizontales d'un rectangle (21,60 m par 8,60 m) afin d'occuper le terrain dans sa largeur. Exposée au nord-ouest, la façade côté rue, plus fermée, protège des vues voisines et des vents dominants. Ce volume principal noir et lisse, ponctué de quelques ouvertures verticales en retrait, et son extension en lattes de bois laissent entrevoir une architecture singulière.

Un objet design posé dans un paysage de vignoble et de petit bois. Le terrain et sa situation ont impulsé l'idée-force du projet : orienter toutes les pièces de la maison vers le vallon.

La façade sud-est et ses 20 m linéaires de baies vitrées entièrement dédiées à la vue. Les brise-soleil constitués par les lignes verticales des clins en Douglas, offrent une protection visuelle et thermique en été.

« Quand on voit la maison depuis la rue, on peut penser qu'il s'agit d'un bâtiment industriel », note Christine.

Si le bardage noir dénote une certaine sophistication, il est vrai que l'atout majeur du projet n'apparaît vraiment que côté jardin, avec cette façade sud-est et ses 20 m de baies vitrées entièrement dédiées à la vue.

Cet écrin de verre est protégé par un volume écran fiché dans la façade. Une sorte de boîte légère créée par l'assemblage d'un cadre d'acier, de la coursive en bois, du débord de toit. Les lignes des brise-vues referment ponctuellement cette boîte en jouant de l'effet de claire-voie.

Cette pièce majeure est composée comme un jeu de quadrillage de formes et de matières, très graphique. Les larges traits d'acier de la structure métallique croisent les fines verticales de bois des brise-vues. Cette trame se superpose à celle que forment les châssis des ouvertures en aluminium. Le calepinage du revêtement vient en contrepoint. Et ces lignes du bâti répondent elles-mêmes à celles du paysage.

Traiter les ponts thermiques

« La structure acier repose sur des pilotis en béton qui reçoivent des poutres I, décrit Patrick Fiolleau, l'architecte. Sept fermes principales reprennent toute la portée de la maison. Posées tous les 3,25 m, elles forment une sorte de trame qui détermine la position des ouvertures, la pose des panneaux de bardage, etc. Le cadre périphérique (apparent) reprend les brise-vues et la protection haute. Le cadre horizontal (également apparent) reprend le plancher et la coursive. Nous avons travaillé avec une entreprise spécialisée dans les structures métalliques de hautes dimensions. Tout l'enjeu consistait à affiner les détails d'un projet à petite échelle. Nous avons notamment porté une attention particulière aux ponts thermiques dont le risque est important avec ce principe structurel. Aussi, nous avons opté pour une isolation renforcée (intérieur/extérieur). »

La structure métallique est enveloppée d'un « manteau » constitué de panneaux sandwiches avec de la mousse de polyuréthane,

L'ossature acier détermine une trame que l'on retrouve dans le plan intérieur.

d'une épaisseur de 8 cm. Viennent ensuite s'ajouter une lame d'air et des tasseaux qui portent le bardage en panneau composite. On rompt ainsi tout contact de l'acier avec l'extérieur. « Nous avons été vigilants sur le chantier afin que le moindre point de fixation, la moindre pièce d'acier soit englobée par cette peau », poursuit Patrick Fiolleau.

A l'intérieur, les murs sont doublés en plaques de plâtre et isolés avec 10 cm de laine minérale. Le toit en bac acier noir respecte à sa façon la double pente réglementaire. Avec deux versants inégaux (l'un plus court que l'autre) en forme de V. A l'intérieur de la maison, la circulation des personnes (entrée, couloir...) est calée sur la circulation de l'eau (chéneau). La toiture reprend le même principe d'isolation que les murs. Un plénum fait office d'espace tampon. Afin de compenser les déperditions de chaleur, l'architecte a opté pour un double vitrage peu émissif.

Autour d'une armoire

Parmi les souhaits émis par Fabrice et Christine, il en est un qui relève de la valeur sentimentale que l'on prête aux objets. Faire en sorte de caser, dans ce projet, une armoire Louis-Philippe aux dimensions généreuses. La hauteur imposante de ce meuble a donc déterminé celle du plafond (2,55 m). Et cette hauteur non standard a conditionné le format des vitrages et des châssis, posés au nu et sans seuil, sans allège, ni imposte. Ce dispositif amplifie l'effet de cadrage panoramique sur la nature. « Grâce à cette façade entièrement vitrée, toutes les pièces bénéficient de cette vue », souligne Fabrice.

Dans les trois chambres, une porte vitrée accolée à une baie fixe donne la possibilité de sortir sur la coursive, pour aller vers le jardin. Dans la pièce principale, deux baies sur trois peuvent coulisser. Les limites avec l'extérieur s'effacent...

Le chauffage est principalement assuré par le poêle à bois équipé d'un insert et un plancher chauffant couplé à une pompe à chaleur.

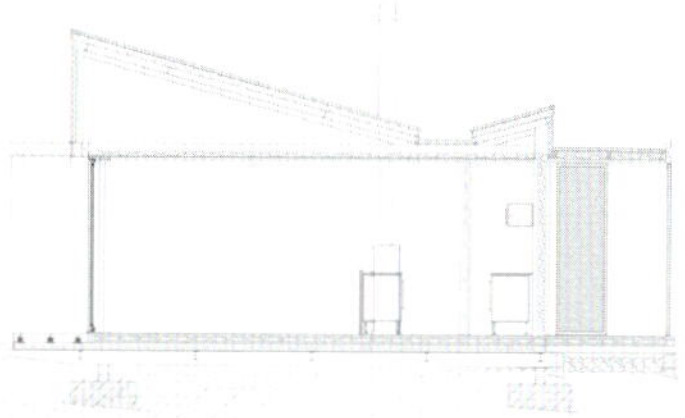

Coupe transversale.

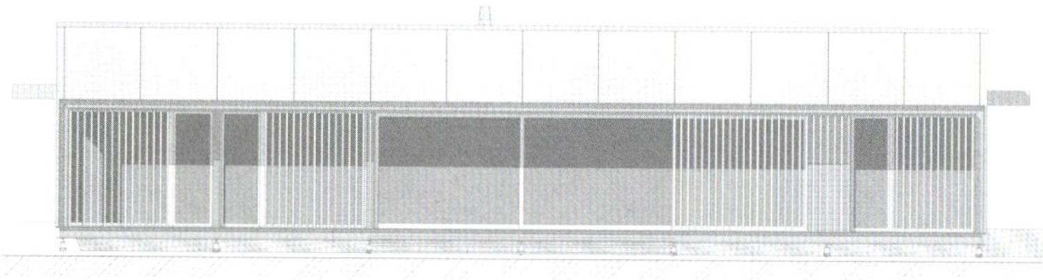

Façade sud-est.

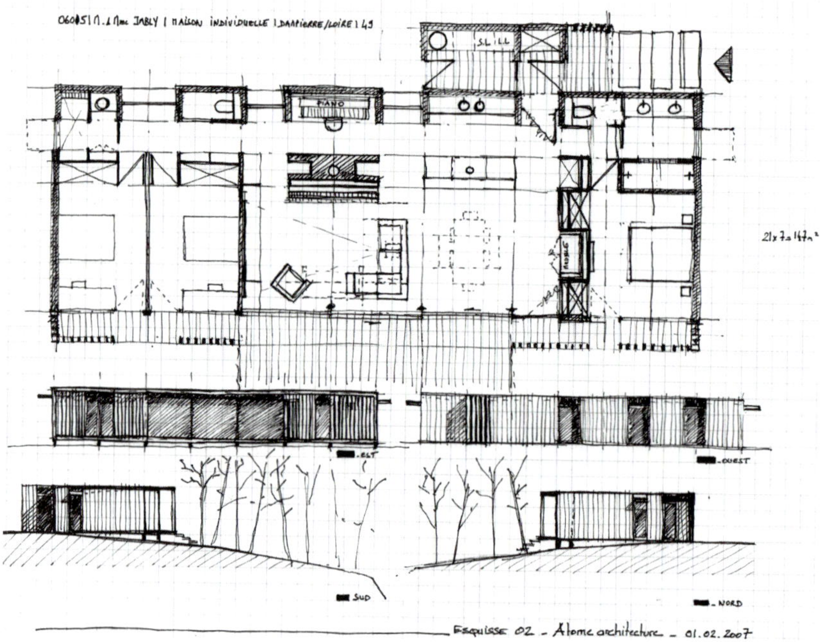

Focus technique

MENUISERIES À RUPTURE DE PONTS THERMIQUES

Ce type de menuiseries est aujourd'hui rendu obligatoire par la RT 2005. Pour ce projet qui comprend une importante surface vitrée, le choix s'est porté sur des châssis en aluminium, fabriqués sur mesure. En contact direct avec l'extérieur, ce matériau conducteur transmet le froid à la partie intérieure de la fenêtre. Afin d'éviter l'effet paroi froide, source de déperdition de chaleur, on insère dans le profilé un isolant qui casse le pont thermique en empêchant la conduction du froid, la condensation et l'effet « radiateur » en été. Moins isolantes que le bois ou le PVC, les menuiseries à rupture de ponts thermiques permettent de réduire de 25 % les pertes de chaleur pour un surcoût de 15 à 20 % par rapport à des profilés aluminium classiques[1].

1. Thierry Salomon et Stéphane Bedel, *La Maison des [néga] watts*, Terre vivante, 2006, p. 37.

Le regard d'un thermicien sur… les menuiseries extérieures

Le choix des menuiseries extérieures est devenu un vrai casse-tête. Si nous jugeons en premier le support du vitrage, appelé « dormant », le plus efficace thermiquement reste le PVC, puis le bois et, loin derrière, l'aluminium. Pour le vérifier, la performance est mesurée par le coefficient Uf (plus le chiffre est petit, plus il est performant) ; il doit être donné par le fabriquant. Ensuite il faut choisir le vitrage : plus la baie est grande, moins le dormant a un impact visible. Le choix est très large. Le coefficient de performance s'exprime par un Ug. Il ne faudra pas oublier l'impact du soleil, que l'on mesure par le facteur solaire. Au vu de cette complexité, le coefficient global Uw offre une synthèse ; il est calculé pour chaque fenêtre. Un bon coefficient Uw est de l'ordre de 1,2 à 1,6.

Ce qu'en pensent les propriétaires

« Nous avons misé sur l'isolation renforcée. La véritable source de chauffage de la maison, c'est la cheminée à foyer fermé. Elle est à la fois esthétique et pratique avec un range-bûches de bonne contenance. On la charge trois fois par jour en moyenne. Nous consommons deux cordes environ par an. Un chauffage électrique vient en appoint. L'investissement dans une pompe à chaleur ne nous semblait pas rentable dans la mesure où nous sommes susceptibles de déménager encore dans quelques années. Sur les conseils de l'architecte, nous avons opté pour un plancher chauffant à basse température qui laisse la possibilité de changer le mode de production de chaleur. »

Le bardage en panneau Trespa noir.

Effet de claire-voie sur la coursive.

Données techniques

■ Equipe de maîtrise d'œuvre
Architectes : Patrick Fiolleau et Arnaud Mettelet, Atome Architecture et Environnement
Date de livraison : décembre 2008
Durée des études : 10 mois
Durée des travaux : 8 mois
Localisation : campagne autour de Saumur, Maine-et-Loire (49)
Coût au m² : 1 600 € TTC

■ Ventilation des coûts lot par lot
Gros œuvre : 19 244 €
Terrassement, VRD : 12 105 €
Charpente métallique, couverture, isolation extérieure : 64 580 €
Bardage Trespa : 23 258 €
Etanchéité : 1 723 €
Ossature, lames bois : 18 748 €
Menuiseries extérieures : 25 710 €
Menuiseries intérieures : 9 090 €
Cloisons sèches, plafonds, isolation : 14 411 €
Electricité, ventilation : 12 607 €
Installation sanitaire, chauffage : 19 000 €
Conduit de fumée : 2 866 €
Chapes liquides teintées : 5 778 €
Résine au sol : 5 600 €
Faïences : 1 461 €

■ Consommation énergétique
85 kWh/m²/an

■ Techniques et équipements
Chaudière électrique + Plancher chauffant eau chaude basse température : 12 000 €
Système constructif et isolation des murs et du toit : 65 000 €
Ossature volume principal : métallique (acier galvanisé)
Ossature volume secondaire : bois Douglas
Menuiseries extérieures : aluminium naturel anodisé
Couverture volume principale : panneaux sandwichs finition acier thermolaqué
Couverture volume secondaire : étanchéité à membranes PVC
Bardage : panneaux composites de type Trespa Meteon 8 mm
Bardage et brise-vues : lames de bois massifs Douglas
Sol : chape teintée dans la masse avec revêtement en résine translucide (résine avec poudre de cuivre)

Un toit vert pour deux : projet d'habitat groupé

Architectes
PO ARCHITECTES
(KARINE OLIVIER ET FRÉDÉRIC PÉCHEREAU)
FICHTRE
(THOMAS CANTIN)

Les façades de l'avenue Bellamy font grise mine, comme le temps. La météo hésite aujourd'hui à Nantes. L'immeuble ne se distingue pas des autres, le hall non plus. On le traverse en ignorant l'escalier, vers une arrière-porte. Elle donne probablement sur une cour. En fait, elle s'ouvre sur un jardinet. Un jardin ? Un bois ? !

La végétation est incroyablement dense, le terrain un peu accidenté. La nature a résisté à l'urbanisation environnante. Un sentier légèrement aménagé descend vers ce qu'on pense être une habitation. Le lapin d'Alice n'ouvre pas la marche, pourtant on s'attend à tout…

Accolée à un muret de pierre : une maison, deux habitations. A la verticale et à l'horizontale, les ouvertures dansent sur le bois de la façade. C'est drôle, ça donne envie de regarder à l'intérieur. A gauche, c'est chez Karine et Frédéric. A droite, chez leurs copains Thomas et Laurence. Les fenêtres fabriquent de petites saynètes où chaque protagoniste vaque à ses affaires du quotidien. C'est très cinématographique. « Comme dans les films de Tati », acquiesce Frédéric Péchereau.

Habitat groupé

Au départ, il y a une bande de copains, architectes, la trentaine et demie. Pour des raisons économiques et parce qu'ils partagent un mode de vie, l'idée d'un achat collectif fait son chemin dans les esprits. Pour autant, achat collectif ne signifie pas vie communautaire.

« On a commencé par visiter des hangars, des bâtiments industriels, puis on a trouvé ce terrain », se souvient l'architecte. Une friche, avec un accès pas simple du tout, un dénivelé important, 12 m de largeur seulement, une zone verte de 7 m en fond de parcelle… Qui dit mieux en terme de contraintes ?

Une seule maison pour deux habitations totalement autonomes. Le projet s'insère dans le fond d'une parcelle située derrière un immeuble du centre-ville de Nantes.

« De plus, il fallait convaincre la copropriété que le projet pouvait s'inscrire dans le site. Pour cela, on a notamment la toiture végétalisée et le bardage bois », poursuit-il.

L'achat du terrain se fera à deux couples. Habitat groupé égale chantier partagé. Et impact environnemental divisé par deux. En l'occurrence, le chantier s'annonce complexe. Comment faire passer un camion toupie par un trou de souris ? On fait pas !

L'alternative, c'est une construction plus légère et plus facile à mettre en œuvre : une ossature et un bardage bois. L'essence choisie ? Du pin Douglas pour ses qualités de résistance et de durabilité avec une double isolation à base de matériaux sains : ouate de cellulose (20 cm) et laine de chanvre (12 cm). Le bois est tout aussi présent dans les aménagements intérieurs : le patio, les parquets, les menuiseries, les éléments de cuisine escamotables… Une chaudière qui fonctionne au gaz de ville assure chauffage (radiateurs basse température) et eau chaude sanitaire.

En creux

« La volumétrie est pensée comme celle d'un ensemble, non pas comme celle de deux maisons côte à côte », décrit Frédéric Péchereau. Le résultat se rapproche d'un parallélépipède que l'on aurait en partie évidé, pour des impératifs de lumière et d'espaces : le patio. Une architecture en creux, en somme.

De même superficie (90 m²), les deux volumes sont organisés différemment avec une même contrainte : la pente du terrain. Les architectes ont joué sur le décalage des hauteurs afin d'éviter les masques solaires.

Chez Karine et Frédéric, la pièce de vie en forme de L s'enroule autour du patio à deux

La terrasse patio en creux sépare les deux habitations. Les architectes ont végétalisé la toiture à la fois pour des raisons d'insertion du bâti dans le site et pour les atouts thermiques.

La pièce à vivre en forme de L donne sur le patio. Pour accéder aux chambres des enfants, il faut descendre quelques marches.

A l'arrière de la maison, le jardin bas. Les deux habitations s'y retrouvent.

niveaux : la terrasse et le jardinet. Le mur nord, aveugle, s'appuie sur le muret de pierre en limite de parcelle.

L'espace de vie dans lequel on entre sans transition regroupe le salon, la cuisine, une chambre et un bloc sanitaire. On descend au premier niveau où se trouve une salle de jeux-chambre d'amis, puis au second qui abrite les deux chambres des enfants. Chez leurs amis voisins, la pièce principale est moins étendue et la séparation jour/nuit plus marquée car on descend directement d'un seul niveau vers les chambres.

Toutes les pièces ouvrent sur un espace extérieur, jardin haut, patio, terrasse de bois ou jardin bas. « La maison compte un nombre important d'ouvertures qui créent la qualité des espaces. Les ouvrants sur le jardin et le patio prolongent les pièces vers l'extérieur. Nous bénéficions ainsi d'un bon niveau d'ensoleillement », poursuit l'architecte.

Totalement indépendants, les deux logements se retrouvent en partie haute et en partie basse, partageant ainsi les espaces extérieurs et leur végétation abondante. Comme cet improbable palmier qui trône entre les deux habitations, vestige d'un jardin d'agrément d'autrefois. Et, symbole d'un cohabitat réussi.

Le regard d'un thermicien sur… le chauffage au gaz

Nous avons encore besoin d'utiliser du combustible à base de pétrole, appelé « énergie fossile ». La maison à zéro énergie n'est pas pour tout de suite. De façon à limiter au maximum l'impact écologique, il faut optimiser l'isolation. Sachant que le premier centimètre d'isolant est le plus efficace, il existe une épaisseur limite d'efficacité. Chaque centimètre d'isolation au-dessus de cette limite est peu efficace, voire inutile. C'est pour cette raison que l'on a besoin d'énergie de substitution. Dans la démarche d'efficacité, l'énergie d'appoint est nécessaire la nuit ou en cas de choc climatique (de plus en plus fréquent).
Quelle énergie choisir ? Le réflexe français actuel est de privilégier l'électricité. On a déjà évoqué dans ces pages les risques de ce choix, même si l'équipement de production par l'usage du photovoltaïque aide à compenser. L'usage du gaz et du pétrole pour un usage très faible et ponctuel reste aujourd'hui l'une des solutions encore disponibles, avec la réserve suivante : il faut choisir le meilleur rendement de chaudière avec la meilleure température de départ.
Un rappel : la durée de vie moyenne d'une chaudière est de vingt-cinq ans ; il faut privilégier les systèmes hydrauliques d'émission afin d'intégrer les solutions de chauffage de demain.

Focus technique

LA TOITURE VÉGÉTALISÉE

En dépit d'une pente à 15 %, les architectes sont parvenus à végétaliser la toiture. A la fois pour des raisons d'insertion du bâti dans son environnement et pour les avantages thermiques que cela amène. En effet, le toit végétal isole comme une couverture, évite la surchauffe du bac acier en été, réduit l'écoulement des eaux pluviales, apporte de l'inertie à la structure bois, protège l'étanchéité du toit.
Ici, un complexe drainant a été installé. Il s'agit d'une membrane d'étanchéité à base d'un aggloméré bitumé. Une couche de substrat de 8 cm seulement, en raison de la pente, recouvre la surface du toit. Des mottes de sédums, plantes vivaces très résistantes, ont été plantées tous les 20 cm.

Légère, l'ossature bois, a facilité le chantier sur ce terrain très difficile d'accès.

Plan dez rez-de-chaussées

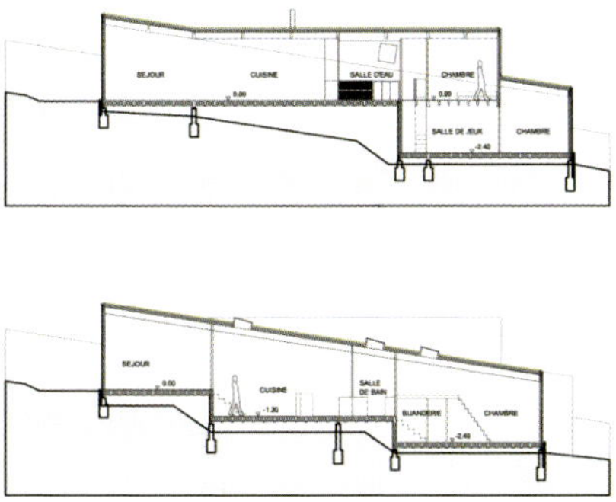

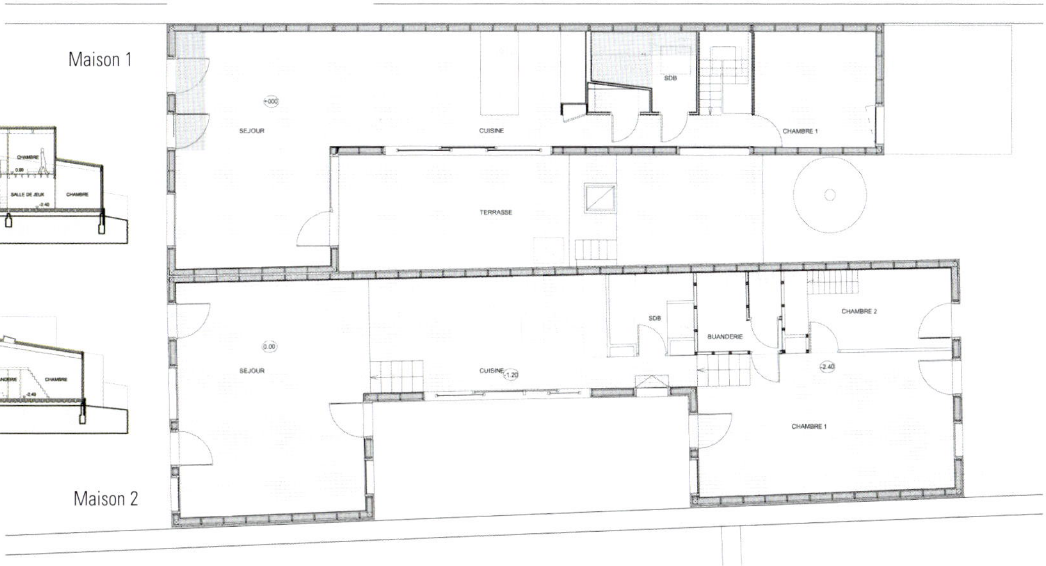

Ce qu'en pensent les propriétaires

« C'est un projet à quatre mains conçu dans sa globalité. L'enroulement de la toiture rappelle cette unité. Toutefois, il n'y a pas de porte entre les deux maisons. Notre espace commun est essentiellement le jardin. Nous apprécions les avantages de ce mode de vie ; c'est très festif et très pratique avec des enfants. Notre budget étant serré, nous avons réalisé pas mal de choses nous-mêmes comme l'isolation, la pose du parquet, le bardage, le doublage, la plomberie. Karine a pris en charge toute l'électricité. Nous avons beaucoup appris de ce chantier. Quant aux performances énergétiques de la maison, nous n'avons pas fait le choix d'investir dans la technique, mais plutôt de miser sur une conception bioclimatique, des éclairages naturels, une isolation saine et renforcée, des menuiseries en bois de qualité. »

Données techniques

■ **Equipe de maîtrise d'œuvre**
Architectes : Karine Olivier et Frédéric Péchereau, PO Architectes ; Thomas Cantin, Fichtre
Date de livraison : mai 2008
Durée des études : 1er semestre 2004
Durée des travaux : 10 mois
Localisation : Nantes, Loire-Atlantique (44)
SHON : 178 m^2
Coût au m^2 : 1 235 € TTC

■ **Evaluation de la partie autoconstruite :**
43 000 € TTC

■ **Ventilation des coûts lot par lot (TTC)**
Maçonnerie : 18 454 €
Charpente, ossature bois, terrasse : 87 103 €
Couverture : 22 066 €
Bardage : 5 986 €
Doublage, isolant : 13 126 €
Menuiseries extérieures : 20 501 €
Menuiseries intérieures : 17 097 €€
Electricité : 5 032 €
Plomberie : 25 264 €
Peinture : 484 €
Faïences : 553 €
Végétalisation : 1 000 €
Divers : 4 000 €

■ **Consommation énergétique**
75 kWh/m^2/an

■ **Techniques et équipements**
• Chauffage
Chaudière gaz + Radiateurs : 7 000 €
• Système constructif et isolation des murs et du toit
Ossature charpente : pin Douglas
Menuiseries extérieures : chêne
Couverture : Derbigum + végétalisation
Isolation : ouate de cellulose 20 cm, chanvre en murs 12 cm
Parquet : châtaignier, mobilier contreplaqué

Avant-propos
Stéphane Maugetet Anne-Sophie Coué
42, rue de la Tour-d'Auvergne
44200 Nantes
Tél. : 09 510 10 500
mauget.architecte@free.fr

Le moulin de la Mancha
Christophe Gauffeny
3, rue de la Foire-aux-Chevaux
22410 Lantic
Tél. : 02 96 71 49 75
architecture.gauffeny@wanadoo.fr

Maison Diaphane
Frame* house
KEN EN SO
David Juet et Magaye N'Diaye
36, rue du Maréchal-Joffre
44000 Nantes
Tél. : 02 40 75 74 21
Fax : 02 40 75 64 20
contact@kenenso.com
www.kenenso.com

Maison ponton
AA41
Alexandre Favé
41, boulevard Jacques-Cartier
35000 Rennes
Tél. : 09 63 22 90 04
Fax : 02 99 79 25 74
af.architecte@gmail.com

IP
Frank Gerno et Marc Jaeger
12, avenue de l'Hôtel-Dieu
44000 Nantes
Tél./Fax : 02 40 48 18 87
ip-architectes@mail.be
www.ip-architectes.fr

Une belle nature
L'Atelier
Bruno Belenfant et Loïc Daubas
7, rue Saint-Jean
44170 Nozay
Tél. : 02 40 79 49 49
Fax : 02 40 79 50 00
belenfant@architectes.org

L'aventure
Christophe Palou
2 et 4, rue Basse-Notre-Dame
56130 La Roche-Bernard
Tél. : 02 23 10 13 25
Fax : 02 23 10 13 26
palou.christophe@wanadoo.fr
www.architectes.org/portfolios/palou

Dans un verger
Jean-Emmanuel Jaquard
BP 05
29241 Locquirec
Tél. : 02 98 79 32 02
aajd@free.fr

Le cottage
Mickaël Tanguy
La Renèzerais
35580 Goven
Tél. : 02 99 45 78 78
Fax : 02 99 45 78 79
tanguy-architecte@wanadoo.fr
http://tanguy-architecte.spaces.live.com

Carole Groulet
25, rue Surcouf
35000 Rennes
Tél. : 02 99 54 32 48
Fax : 02 34 08 73 69
cgroulet.architecte@gmail.com

La maison introvertie
Detroit Architectes
Benoît Moreira
Hangar 12, quai d'Aiguillon
44100 Nantes
Tél. : 06 29 24 81 86
detroit.architectes.moreira@gmail.com
www.detroit-architectes.eu

Le laboratoire
Joël Rouyer
Doaren Molac BP 20
56610 Arradon
Tél. : 02 97 63 26 77
Fax : 02 97 46 15 47
joel-rouyer.architecte@wanadoo.fr

Sur un terrain de jeux
Daniel Alasseur
25, rue de Coulmiers
44000 Nantes
Tél. : 02 40 37 07 44
alasseur.archi@wanadoo.fr

Famille nombreuse
Sophie Goaër
24 rue Nationale
29140 Rosporden
Tél. : 02 98 59 95 77
sophiegoaer@wanadoo.f

Les poupées russes
Tristan Mordellet
30, rue Châtelets
22950 Trégueux
Mobile : 06 84 97 29 58
Fax : 02 96 76 63 30
mordellet.tristan@hotmail.fr

Mickaël Tanguy
La Renèzerais
35580 Goven
Tél. : 02 99 45 78 78
Fax : 02 99 45 78 79
tanguy-architecte@wanadoo.fr
http://tanguy-architecte.spaces.live.com

Une cabane dans les pins
Forma6
6 bis, rue Ouche-de-Versailles
BP 30209
44002 Nantes Cedex 1
Tél. : 02 40 29 47 25
forma6@forma6.net
www.forma6.net

Un air d'Italie
Pierre-Emmanuel Le Prisé
35, rue René-Marcillé
35000 Rennes
Tél. : 02 23 25 20 01
Fax : 02 23 25 20 02
pierre-emmanuel. le-prise@wanadoo.fr

La maison modulable
Architecture et Environnement
Françoise Legendre
5, rue du Clos-Diamant
35870 Le Minihic-sur-Rance
Tél. : 06 16 96 27 49
Fax : 02 22 540 150
fl-ae@orange.fr

Seconde jeunesse
Remington Style
David Jouquand
91, rue Julien-Lacroix
75020 Paris
Tél. : 06 72 74 17 81
david.jouquand@remingtonstyle.com
www.remingtonstyle.com

ADRESSES UTILES

Maison tempête
Atelier d'Architecture et d'Aménagement
Jacques Henry et Isabelle Le Nen
19, rue Cadiou
29250 Saint-Pol-de-Léon
Tél. : 02 98 69 16 85
Fax : 02 98 29 09 92
henry.lenen.architectes@orange.fr

Panoramique sur les vignes
Atome Architecture et Environnement
Patrick Fiolleau et Arnaud Mettelet
45, rue Beaurepaire
49400 Saumur
Tél. : 02 41 52 61 69
patrick.fiolleau@architectes.org

Alice dans la ville
PO Architectes
Karine Olivier et Frédéric Péchereau
15, rue La-Noue-Bras-de-Fer
44200 Nantes
Tél. : 02 40 69 04 63
mofk@free.fr

Fichtre
Thomas Cantin
15, rue La-Noue-Bras-de-Fer
44200 Nantes
Tél. : 02 40 47 78 40
Fax : 02 51 72 01 63
fichtre@neuf.fr

Le regard du thermicien
Johan Garry
Ingénieur thermicien
6, rue Jean-Graffin
53410 La Brulatte
Tél. : 02 43 37 02 24
Mobile : 06 27 07 74 66
Fax : 08 25 24 10 04
johan.garry@enphase.eu

ADEME (Agence de l'environnement et de la maîtrise de l'énergie)
26 directions régionales
et 3 représentations dans les DOM-TOM
Bretagne : 33 boulevard Solferino – CS 41217
35012 Rennes Cedex
Tél. : 02 99 85 87 00 - Fax : 02 99 31 44 06
ademe.bretagne@ademe.fr
www.ademe.fr/bretagne
www.ademe.fr

CLE (Conseil local à l'énergie) – ALE (Agence locale de l'énergie) du Pays de Rennes
20, avenue des Français-Libres
35000 Rennes
Fax : 02 99 35 23 58
contact@ale-rennes.org
www.ale-rennes.org

Ciele – Centre d'information sur l'énergie et l'environnement
96, canal Saint-Martin
35700 Rennes
Tél. : 02 99 54 42 98 - Fax : 02 99 54 60 38
info@ciele.org
www.ciele.org

Aloen – Agence locale de l'énergie de Bretagne Sud
5, cours de Chazelles – BP 90122
56101 Lorient Cedex
Fax : 02 97 21 89 38
info-energie.lorient@wanadoo.fr

Les Espaces Info Energie
Ils sont présents dans de nombreuses villes en France.
Pour obtenir le numéro d'appel de l'Espace Info Energie le plus proche de chez vous, composer le numéro Azur de l'Ademe : 0810 060 050
Espace info énergie Bretagne
N° indigo : 0820 820 466
www.bretagne-energie.fr

Hespul
Association spécialisée dans le développement des énergies renouvelables et de l'efficacité énergétique
114, boulevard du 11-Novembre-1918
69100 Villeurbanne
Tél. : 04 37 47 80 90 - Fax : 04 37 47 80 99
info @hespul. org
www.hespul.org

Le centre scientifique et technique du bâtiment (CSTB)
Antenne de Nantes
11, rue Henri-Picherit
BP 82341
44323 Nantes Cedex 3
Tél. : 02.40.37.20.00- Fax : 02.40.37.20.60
www.cstb.fr

La Maison Passive France
110, rue Réaumur
75002 Paris
Tél. : 01 45 08 13 35
postmaster@lamaisonpassive.fr
www.lamaisonpassive.fr

Envirobat Bretagne
7, boulevard Solferino
BP 90714
35007 Rennes Cedex
Tél. : 02 99 30 39 33 - Fax : 02 99 31 40 45
www.envirobat.asso.fr
Le réseau Envirobat est présent dans de nombreuses régions en France notamment en Paca.

Association BBC-Effinergie (siège social à Paris)
Cellule coordination
L'Acropole
954, avenue Jean-Mermoz
34000 Montpellier
Tél. : 04 99 64 32 73
www.effinergie.org
jeremie@effinergie.org
Le site de l'Ordre national des architectes
www.architectes.org

Réseau des Maisons de l'architecture
Tour Maine Montparnasse
33, avenue du Maine
BP 154
75755 Paris Cedex 15
Tél. : 01 56 58 67 00 - Fax : 01 56 58 67 01
contact@ma-lereseau.org
www.ma-lereseau.org

Le portail des Conseils d'architecture d'urbanisme et d'environnement (CAUE)
Trouvez le CAUE le plus proche de chez vous en consultant le site Internet des CAUE
www.caue.org

Remerciements
A Pierre, Agathe et Anouk, sans qui rien n'est possible.
Merci à toute ma tribu qui m'a soutenue dans cette entreprise.
Un grand merci aux architectes et aux propriétaires pour leur disponibilité et leur enthousiasme.
Merci à Johan Garry pour sa réactivité et son aide précieuse.
Merci à Philippe Madec et Catherine Gabillard de m'avoir accordé un peu de leur temps.

Editeur : Gaëlle Guilmard
Coordination éditoriale : Caroline Brou
Conception graphique : Thierry Le Prince
Mise en page : Studio graphique des Editions Ouest-France
Photogravure : graph&ti, Cesson-Sévigné (35)
Impression : Imprimerie Pollina, Luçon (85) - L53285

Edilarge SA, Rennes
ISBN : 978.2.7373.4899.0
Dépôt légal : mars 2010
N° d'éditeur : 6076.01.06.03.10
Imprimé en France
www.editionsouestfrance.fr